Florestan em 1943, quando se forma em Ciências Sociais na USP, perto de iniciar carreira de professor na faculdade em que se sentia um "intruso" poucos anos antes.

FLORESTAN

· PAULICÉIA ·

Coordenação Emir Sader
Conselho editorial Gilberto Maringoni
Ivana Jinkings
Nelson Schapochnik
Vladimir Sacchetta

A imagem de São Paulo se modifica conforme as lentes que utilizamos. O sonhado e o real, o desejado e o rejeitado, o vivido e o simbolizado, o cantado e o pintado, o desvairado e o cotidiano – múltiplas facetas de uma cidade-país – são retratados nesta coleção. São quatro séries, que buscam montar um painel das infinitas visões paulistas: Retratos (perfis de personalidades que nasceram, viveram ou eternizaram suas obras em São Paulo), Memória (eventos políticos, sociais e culturais que tiveram importância no estado ou na capital), Letras (resgate de obras – sobretudo de ficção – de temática paulista, há muito esgotadas ou nunca publicadas em livro) e Trilhas (histórias dos bairros da capital ou de regiões do estado).

Para tanto, foram selecionados autores, fenômenos e espaços que permitam a nosso olhar atravessar o extenso caleidoscópio humano desta terra e tentar compreender, em sua rica diversidade e em toda sua teia de contradições, os mil tons e subtons da Paulicéia.

Haroldo Ceravolo Sereza

FLORESTAN
a inteligência militante

© Haroldo Ceravolo Sereza, 2005
© desta edição, Boitempo Editorial, 2005

·PAULICÉIA·

FLORESTAN
a inteligência militante

Coordenação editorial	Vladimir Sacchetta
Editores	Ivana Jinkings/Aluizio Leite
Assistente	Ana Paula Castellani
Produção	Marcel Iha
Preparação	Regina Machado
Revisão	Mariana Echalar/Leticia Braun
Iconografia	Companhia da Memória
Capa	Andrei Polessi sobre foto de Duca Lessa
Projeto gráfico	Antonio Kehl
Diagramação	Gapp Design
Tratamento de imagens	Antonio Kehl/Veridiana Magalhães
Fotolitos	OESP
Impressão	Assahi

CIP-BRASIL. CATALOGAÇÃO-NA-FONTE
SINDICATO NACIONAL DOS EDITORES DE LIVROS, RJ

S49f

Sereza, Haroldo Ceravolo, 1974-
   Florestan : a inteligência militante / Haroldo Ceravolo Sereza. - São Paulo : Boitempo, 2005
   il. - (Paulicéia)

   Apêndice
   Inclui bibliografia
   ISBN 85-7559-075-8

   1. Fernandes, Florestan, 1920-1995. 2. Sociólogos - Brasil. I. Título. II. Série.

05-3606.
CDD 923
CDU 929:316

1ª edição: dezembro de 2005

Todos os direitos reservados à:
BOITEMPO EDITORIAL
Jinkings Editores Associados Ltda.
Rua Euclides de Andrade, 27
Perdizes 05030-030 São Paulo SP
tel./fax 11 3872-6869 3875-7250
e-mail editor@boitempoeditorial.com.br
site www.boitempoeditorial.com.br

Sumário

Nota explicativa 11
O forte cheiro de ralé 19
Atrás das fichas 47
A ilha da sociologia 79
O sociólogo desarmado 107
Militante e jornalista 135
Agradecimentos 173
Bibliografia 177
Apêndice: O homem e a cidade metrópole,
 de Florestan Fernandes 183
Cronologia 199
Livros de Florestan Fernandes 203

Para José e Marilza, Helena e Joana

Nota explicativa

Durante a Constituinte, em Brasília, Florestan
tira a gravata e a lança para os manifestantes:
compromisso com os movimentos sociais.

Nunca estive com Florestan pessoalmente. Nem falei com ele pelo telefone. Meus contatos com o sociólogo renomado e deputado respeitado davam-se por meio das páginas de jornal. Imagino, portanto, que o conheci nos anos 1980, lendo seus artigos na *Folha*, provavelmente discordando de parte de suas posições, algumas muito "fora de moda", mas sabendo que devia respeitá-lo, porque devo ter lido algum bom texto seu sobre a Perestroika e a Glasnost, na União Soviética, processos que acompanhava, apesar da pouca idade, com enorme interesse (até porque dois russos, Karpov e Kasparov, disputavam o título de campeão mundial de xadrez e eram pintados como representantes da velha e da nova ordem pela imprensa – torcia por Kasparov), e não devo tê-lo lido justificando, ainda que de modo relativo, a ação repressiva do Estado chinês contra os estudantes da praça da Paz Celestial (ou, se li, compreendi, sem concordar com a conclusão, os princípios que o levaram a adotar tal posição). Provavelmente também encontrei alguns dos bons textos que ele escreveu sobre Fernando Collor de Mello. Após a vitória sobre Lula – não votei no segundo turno porque ainda não tinha os dezesseis anos que exigia a nova Constituição –, peguei uma das bandeirolas "colloridas" na rua de terra da frente de minha casa e a queimei, como se pudesse me vingar daquela vitória reacionária, com um cheiro de tristeza que podia sentir muito bem, bem demais.

Nessa época, mais ou menos, comecei a construir uma trajetória pessoal que me levaria ao jornalismo, e lia, no interior e depois em São Paulo, onde fiz o colegial, jornais e revistas de ponta a ponta. Conhecia alguns jornalistas pelo nome, reconhecia suas qualidades e ousadias, mas não conseguia "admirar" ou pretender "seguir" nenhum deles. Só conseguia desgostar de Paulo Francis, especialmente depois que ele escreveu que os pretos não podiam governar a África do Sul. Não era aquilo que eu queria ser, como também não seriam alguns outros modelos que me foram apresentados.

Lembro também de certa comoção que rondou a Universidade de São Paulo com a morte de Florestan, quando já tinha 21 anos. Mas, àquela altura, no último ano do curso de jornalismo da Escola de Comunicações e Artes, não fiquei especialmente sensibilizado. Já trabalhava na *Folha*, acabara de passar para a editoria de política, mas, pelo menos para mim, Florestan não foi um assunto significativo. Minha preocupação mais "acadêmica", na época, relacionava-se com o aniversário de dez anos de implantação do neoliberalismo na Bolívia, objeto do meu trabalho de conclusão de curso, que tinha muito pouco tempo para entregar. A cobertura do fracasso que fora seu transplante de fígado coube a repórteres experientes, e eu, como redator, devo no máximo ter "descido" alguns textos sobre ele. No curso de Ciências Sociais, em que ingressei em 1997, mas não concluí, o contato com sua obra, que existiu, foi pequeno e um pouco maior no curso de Antropologia (talvez mais por culpa minha e do trabalho do que da faculdade, diga-se).

Essa era a lembrança que eu tinha de Florestan e mais ou menos o que eu responderia sobre ele quando Ivana Jinkings e

Emir Sader me sugeriram que eu escrevesse seu perfil para a Coleção Paulicéia, no ano passado. Obviamente, estranhei a proposta. Retomei os textos que havia escrito para os jornais em que trabalhei e só encontrei uma menção direta a ele. Ainda assim, era uma crítica (justa, diga-se). Nem no curto texto que escrevi sobre as memórias do também sociólogo Maurício Tragtenberg ele aparecia, embora eu não tivesse nesses anos todos me esquecido da passagem em que são citados os encontros com o Florestan, que havia pouco deixara a profissão de garçom.

Minha primeira reação foi, portanto, recusar. Afinal, além do pouco tempo disponível, Florestan parecia-me uma dessas pessoas que passam a alguma distância da gente, que a gente observa, às vezes comenta, não chega nem a amar nem a odiar. Pessoas que cumpriram um destino mais importante do que o nosso, sem precisar, portanto, de qualquer ajuda, de uma solidariedade especial, além da leitura da parte de sua obra que mais nos interessa. Porém, diria que por coincidência, se é que isso existe, poucos meses antes, minha mulher, Joana Monteleone, topara com um simpático e volumoso livro de Florestan, *Folclore e mudança social na cidade de São Paulo,* recém-reeditado pela Martins Fontes, e fizera comentários para lá de elogiosos não só para a importância da pesquisa, mas também quanto à forma como tal pesquisa fora apresentada. Eram observações entusiasmadas, que iam contra a corrente dos discursos prontos sobre Florestan, que, nas rodas intelectuais, é quase sempre apresentado como um autor hermético e "chato", que supostamente "escrevia mal" (depois que comecei a escrever este livro, ouvi, indiretamente, em tom de galhofa, que "ele escrevia mal porque tinha feito Mobral" e, diretamente, que suas leituras não proporcionavam nenhum prazer).

Apesar da curiosidade por esse Florestan um tanto diferente, não me julgava suficientemente convencido de que podia encarar a tarefa. Fui a minha biblioteca e comecei a procurar os outros livros de Florestan que possuía. Eram poucos, mas, mesmo assim, resolvi abri-los. Encontrei anotações que não lembrava ter feito, mas que, relidas, percebi ter incorporado ao meu repertório. Não me pareciam textos mal escritos ou especialmente difíceis. Também reabri alguns livros da minha, digamos, "coleção esquerdista", que, aos poucos, por questões profissionais e mesmo pessoais, foi perdendo em tempo e interesse para a literatura e para a crítica literária. Recordei ainda que, no dia em que fiz o teste que resultaria no início da minha vida jornalística profissional, em 1994, escolhi entre os tantos livros de uma estante da sala de espera *A Constituição inacabada*. Concluí que Florestan havia, de alguma forma, participado da minha formação de jornalista e que, certamente, a editora da Boitempo e o coordenador da Coleção Paulicéia sabiam muito melhor do que eu por que estavam me convidando. Também reencontrei, nas páginas de uma coletânea, a introdução de Florestan a sua tradução de *Contribuição à crítica da economia política*, lançada em 1946, quando o sociólogo havia pouco formado pela USP engrossava as fileiras do Partido Socialista Revolucionário (PSR). Segundo Florestan, a audácia da introdução justificava-se "como parte da tarefa atribuída pelos editores ao tradutor" e por isso a escrevia ao mesmo tempo contrafeito e com certo orgulho, "ambos compreensíveis". Achei que, caso eu tivesse enfrentado a tarefa, talvez a concluísse com sentimentos semelhantes.

Embora essa não seja uma questão central deste livro, a leitura cotidiana e quase sistemática de Florestan nesse período me fez duvidar ainda mais do grande mito de que ele escrevia de forma especialmente hermética e desanimadora. O trabalho de Florestan representou, sim, uma nova forma de escrever. Pensando literariamente o problema, a geração de acadêmicos da qual ele se tornou o mais forte representante e também patrocinador introduziu e consolidou uma nova forma de narrar, superando estilos mais livres e ensaísticos. Isso, no entanto, pode ser encarado como um trabalho que expande os limites da língua, e não como algo que a encolhe. Assim, um livro como *A função social da guerra na sociedade*

Tupinambá torna-se pouco atrativo para leitores não interessados em antropologia menos por sua suposta "dureza" do que por sua extensão, sua profusão de detalhes e de minúcias que sustentam a argumentação, mas o juízo rápido pode fazer com que essas qualidades se confundam. Quem, na seqüência, mergulhar nos capítulos que Florestan escreveu para *Brancos e negros em São Paulo*, um tema mais abrangente, vai perceber que seu texto é claro e, ao mesmo tempo, profundo, não causando nenhum desprazer ao leitor. Por outro lado, acredito que parte dessa avaliação negativa do texto de Florestan possa ter sido contaminada pelo seu manifesto *O que é revolução*, talvez sua obra mais difundida, e que realmente guarda muitas contradições, expressas também numa certa confusão formal – só alguns anos depois, escrevendo regularmente para jornais, Florestan desenvolveria a habilidade de ser sintético e respeitar o pouco espaço que possuía (Florestan dizia, brincando, que precisava de cem páginas para dizer o que Antonio Candido podia resolver em dez). Ou seja, a "prosa" de Florestan ainda me parece esperar alguém que a avalie com mais justeza, que leve em conta suas leituras de poesia – Boris Schnaiderman certa vez comentou as anotações de Florestan num livro de Maiakovski – e, especialmente, ficção. Não sem motivos, o sociólogo deixou clara várias vezes, em entrevistas e em textos, sua admiração pelo personagem central da quadrilogia *José e seus irmãos*, um dos mais belos romances da literatura do século XX, assinado por Thomas Mann.

Durante o ano em que me dediquei a este projeto, em que se completou o décimo aniversário da morte de Florestan, duas instituições receberam seu nome: a escola do Movimento Sem Terra em Guararema (SP) e a biblioteca central da Faculdade de Filosofia, Ciências e Letras da Universidade de São Paulo. Até onde posso imaginar, acredito que Florestan, se vivo, não esconderia sua satisfação e seu orgulho pelas duas homenagens, porque elas representam o reconhecimento nos dois espaços aos quais ele mais dedicou suas forças e que, na sua cabeça, nunca estiveram totalmente dissociados, embora, no começo de sua vida profissional, na academia, pareciam-lhe mais próximos: a luta política por uma sociedade mais justa e a construção do saber.

Queria dizer ainda nesta introdução, que já vai ficando longa demais, que a trajetória pessoal e intelectual de Florestan foram parecendo-me, ao longo deste ano, progressivamente, grandes demais para um perfil que desse conta também de uma biografia pormenorizada – o que, aliás, exigiria uma pesquisa muito mais ampla do que a que podia realizar. Por outro lado, alguns fatos biográficos e políticos eram também fortes demais para que partisse para uma narrativa centrada apenas na sua vida intelectual. Procurei combinar as duas coisas (reconhecendo que em casos assim não se pode escapar de certas deficiências), tratando mais detalhadamente obras que ajudam a entender sua trajetória e vice-versa, numa equação difícil, que creio ter resolvido a contento.

Espero que o leitor também faça esse juízo.

São Paulo, outubro de 2005

O forte cheiro de ralé

Nome aristocrático demais para gente de sua origem social, Florestan (na foto, em 1925) foi rebatizado Vicente pelos patrões da mãe.

> Se conseguir demonstrar que representa
> uma aquisição valiosa para o grupo,
> sua integração se processa facilmente.
> "As 'trocinhas' do Bom Retiro"

Algumas notas do primeiro ano na faculdade, 1941, ficaram na memória de Florestan Fernandes. Mais de trinta anos depois, quando começa a fazer seus relatos essencialmente autobiográficos, em textos de própria autoria e em entrevistas, ele vai recordar três delas como marcantes na sua trajetória. Ambas, em disciplinas que estavam sob a responsabilidade do sociólogo francês Roger Bastide, um dos integrantes da missão francesa que ajudou a construir a Universidade de São Paulo nos seus primeiros anos[1].

Logo no início do curso, Florestan escreveu um trabalho sobre "a crise causal na explicação sociológica", um tema suficientemente abrangente para que recorresse aos métodos de estudo individual que já dominava – ou seja, pesquisas um tanto aleatórias nas bibliotecas públicas da cidade, em

---
[1] Cf. especialmente "Em busca de uma sociologia crítica e militante", em *A sociologia no Brasil*, p. 140-212; *A condição de sociólogo* e "Florestan Fernandes, história e histórias", em revista *Novos Estudos*, Cebrap, nº 42, p. 3-31.

especial na Biblioteca Municipal de São Paulo e na biblioteca da universidade. Apesar do esforço evidente do aluno, Bastide deu-lhe um magro quatro e meio, com o argumento de que havia pedido uma discussão sistemática do assunto, uma dissertação, portanto, e não uma reportagem, como julgou prevalecer no texto apresentado. Florestan, que acabara de sair do curso de madureza – o equivalente ao que chamamos de educação de adultos ou, ainda, de supletivo –, percebeu que só com muito esforço se adaptaria às dificuldades do curso superior em que ingressara.

Florestan resolveu adotar o que chamaria de "disciplina monástica de trabalho"[2], uma metodologia que nunca chegou, de fato, a abandonar e que impressionaria seus contemporâneos. Segundo o próprio Florestan, tal disciplina significava dedicar-se a até dezoito horas diárias de leitura, às vezes mais[3]. O crítico literário Antonio Candido, uma amizade que o acompanharia pelo resto da vida, lembra "seu raro poder de concentração, um dos instrumentos mais importantes da vida intelectual, que lhe permitia ler sem parar, em qualquer situação, no estribo dos bondes, na sala de espera dos médicos, nos saguões de cinema, sem falar das bibliotecas públicas"[4].

Poucos meses depois, a disciplina monástica e as leituras incessantes a que ele se obrigara já pareciam dar bons resultados. Florestan conseguiu dobrar a nota de aproveitamento em sociologia. Obteve um nove para um trabalho intitulado "Aspectos do folclore paulistano: resultados de uma pesquisa de campo". A

---

[2] *A sociologia no Brasil*, p. 156.
[3] *A condição de sociólogo*, p. 4. Heloísa Fernandes Silveira, a filha socióloga de Florestan, retoma a afirmação sem especificar o tempo em que ela ocorreu, afirmando que o autodidatismo de seu pai "o faria entregar-se à dura tarefa de dezoito horas diárias de leitura" (no texto "Amor aos livros – Reminiscências de meu pai em sua biblioteca", em Paulo Henrique Martinez (org.), *Florestan Fernandes ou o sentido das coisas*, p. 50).
[4] Antonio Candido, *Florestan Fernandes*, p. 47.

avaliação, dessa vez, não era de Roger Bastide, mas de sua assistente, Lavínia Costa Villela. Apesar do enorme avanço numérico, aquele nove não deixou Florestan Fernandes contente. O aluno foi, então, discutir com a professora os critérios de avaliação para aquela pesquisa a que se entregara "com o alvoroço de um primeiro amor"[5]. Lavínia argumentou que o aluno, baseando-se na obra de Émile Durkheim e Marcel Mauss, havia abusado de interpretações sociológicas sobre o folclore, mas não conseguiu convencê-lo. Florestan resolveu esperar a volta de Bastide para se queixar, e o mestre acabou por dar-lhe razão (mas a nota, a pedido do aluno, não foi corrigida; o que ele desejava, segundo narra, era apenas discutir os critérios). O caminho parecia correto para o professor francês – Florestan deveria, em vez de deixar de lado a perspectiva analítica que adotara, aprofundá-la ainda mais.

Cadernos dessa pesquisa foram preservados por Florestan até a sua morte, em 1995, e hoje fazem parte do acervo do sociólogo, guardado pela biblioteca da Universidade Federal de São Carlos (UFSCar). As anotações em blocos, um deles da marca Mocinha, provavelmente comprado numa papelaria na rua do Carmo, 120, em São Paulo, incluem observações sobre brincadeiras infantis e variantes de parlendas. Num desses blocos, Florestan anota: "Procurar o irmão do Biaggio[6] para recitar de novo Papai Noel". Na mesma página, uma variante de "Teresinha de Jesus" ("Teresinha de Jesus/ Abra a porta vê quem é/ É um homem pequenino/ que tem medo de mulher"), canção do repertório infantil que seria fartamente analisada no estudo "As 'trocinhas' do Bom Retiro".

Se entender o comportamento e a cultura infantis através da lente da sociologia era um problema que acabou superado, a cidade não era, de forma alguma, um obstáculo. Durante a pesqui-

---

[5] *A sociologia no Brasil*, p. 161.
[6] Provavelmente Biaggio Mezzarana, colega do curso de madureza de Florestan, lembrado em *A sociologia no Brasil*, p. 152.

sa, Florestan estudou turmas de crianças, as chamadas "trocinhas", nos bairros do Bom Retiro, da Lapa, da Bela Vista, do Pari, do Brás e de Pinheiros. "Graças à amizade de algumas crianças, o material relativo às 'trocinhas' do Bom Retiro é mais completo"[7].
Ao estudar a cultura do *folk*, da rua, Florestan recuperava um conhecimento que talvez, naquela universidade nova e vibrante, poucos tivessem. Um dos seis alunos aprovados no curso de Ciências Sociais em seu ano, Florestan teve uma trajetória pessoal surpreendente. Talvez nenhum de seus colegas tivesse uma dívida para com a rua como Florestan, que aos seis anos começara a fazer os primeiros trabalhos fora para ajudar na manutenção da casa. Por outro lado, ao tentar entender o funcionamento de uma turma de crianças, Florestan lidava, indiretamente, com um problema imediato seu: entrar num novo mundo, que lhe parecia maravilhoso e promissor e que lhe acenava com um futuro que poucos anos antes não sabia muito bem que existia, muito menos que estivesse com as portas abertas para alguém como ele. "A melhor tática que o novo vizinho pode usar para se aproximar da 'trocinha' consiste em se acamaradar com um membro qualquer do grupo, tanto melhor se for o líder", escreve.

Naturalmente o candidato tem contra si o *sistema de peneiras* do grupo. Tudo que ele faz é ridicularizado e encarado com um

---

[7] "As 'trocinhas' do Bom Retiro" está publicado no livro *Folclore e mudança social na cidade de São Paulo*. O trecho citado encontra-se na p. 201 da edição mais recente (Martins Fontes, 2004). O trabalho acabou tendo uma vida independente, no entanto, antes mesmo da primeira edição desse livro, em 1961. Já em 1942 e 1943 saem as primeiras versões, em revistas acadêmicas. Em 1944, Florestan Fernandes o apresenta no concurso Temas Brasileiros, promovido pelo Departamento de Cultura do Grêmio da Faculdade de Filosofia, Ciências e Letras, por iniciativa de José Aderaldo Castelo, que também viria a ser professor da FFCL, na área de Letras. Acabou sendo premiado na seção de Ciências Sociais, uma decisão que estava a cargo do professor Roger Bastide. Em 1947, o texto foi publicado, com prefácio de Bastide, pela *Revista do Arquivo Municipal*, nº CXIII, do Departamento de Cultura, p. 7-124.

superior desprezo pelos demais, que pejorativamente o chamam de "bicho-novo". Sua recepção se faz com trotes, xingações e judiações as mais diversas.[8]

"Trocinhas", que em seu estudo Florestan põe sempre entre aspas, eram grupos formados por crianças para brincar – e, claro, troçar, ou seja, gracejar, zombar, escarnecer, caçoar, ridicularizar os agrupamentos rivais.

> Inicialmente, as crianças podem se reunir só para brincar. Depois, pouco a pouco, os contatos vão criando um ambiente de compreensão comum e de amizade recíproca, manifestando-se a consciência grupal pela intolerância para com os estranhos ao grupo.[9]

Florestan era um "bicho-novo" naquela jovem Universidade de São Paulo. Embora as xingações e judiações já não fizessem parte dos métodos de organização social cotidiana daqueles estudantes, e muitos deles fossem filhos de imigrantes, as cadeiras da universidade não pareciam muito confortáveis para aquele rapaz que havia sido obrigado a fazer mais uma escolha pragmática em sua vida, ao entrar no curso de sociologia e não no de engenharia química. Ele relembra:

> Eu era como que um estranho e, a vários respeitos, um *intruso*. O núcleo daquele pequeno grupo não só procedia de famílias tradicionais da classe média ou alta. Ele era composto por estudantes que vinham do pré[10] e que tinham, portanto, laços intensos de camaradagem e de solidariedade intelectual [...] Se não se revelaram hostis, também não abriram as comportas do seu "círculo". Eu ficava de fora e sentia que não me cabia alterar as regras tácitas do jogo, o que tornaria o meu forte cheiro de ralé insuportável.[11]

---

[8] *Folclore e mudança social na cidade de São Paulo*, p. 209.

[9] Ibidem, p. 204.

[10] Pré-universitário, curso preparatório para a universidade que funcionava paralelamente à USP. Prevenindo-se de uma eventual reprovação, Florestan fez, ao mesmo tempo, a prova para os dois cursos.

[11] *A sociologia no Brasil*, p. 158-9.

Apesar do "forte cheiro de ralé" e de uma visão dos colegas que deve ser compreendida em perspectiva, Florestan tinha – e sabia disso – algo mais. Certa vez, ele atribuiu ao amigo Antonio Candido a explicação mais irônica para o talento que demonstrou já durante a graduação. "Como dizia o Antonio Candido, eu levava uma vantagem, que estava na envergadura de minha bunda"[12], o que teria permitido que Florestan estudasse horas e horas sem descanso (Candido, no entanto, nega a autoria da frase. Essa teria sido mais uma das brincadeiras de Florestan, diz, e argumenta que ele, Candido, não usaria a palavra bunda[13]). O que explica melhor, no entanto, o que havia de especial em Florestan era uma paixão pela vida intelectual e pela tentativa de compreender o mundo por meio de um instrumento que permitisse ver além do que seus companheiros da vida cotidiana enxergavam – o curso de sociologia, ainda que não tivesse sido a sua primeira opção, parece ter apresentado isso muito rapidamente, embora o sentimento de que era um intelectual já viesse de antes, do curso de madureza.

Assim, aquele jovem esforçado, que vestia roupas um tanto inadequadas e carregava junto com os livros e cadernos a sua pastinha com folhetos de produtos farmacêuticos que apresentava aos médicos da cidade, metera-se ali, em meio a gente que, se não tinha uma origem necessariamente opulenta, o fazia sentir-se um "intruso". Duas histórias convergiram para esse ponto, a de Florestan e a da própria Universidade de São Paulo. Elas, mais à frente, se misturariam a ponto de o primeiro tornar-se um ícone da segunda.

Florestan Fernandes nasceu na Maternidade São Paulo, na rua Frei Caneca, em 22 de julho de 1920, filho de uma imi-

---
[12] Ibidem, p. 168.
[13] Em entrevista ao autor.

grante portuguesa, Maria Fernandes, vinda da região do Minho aos treze anos, e que vivia na capital paulista. Maria Fernandes tinha parentes na cidade e em Bragança Paulista. Maria teve oito irmãos: José, Antônio, Nelo, Francisco, Florinda, Emília, Araci e Josefina[14].

Maria já era viúva quando Florestan, num parto complicado, veio ao mundo[15]. O pai do garoto, no entanto, não era seu primeiro marido, também imigrante português, que falecera vítima da gripe espanhola. Depois de deixar o trabalho na lavoura, no interior, ela passou a trabalhar em São Paulo realizando serviços domésticos. Numa das casas em que trabalhou, teria se relacionado com um colega, de nome Giuliano Solia[16], cujo nome Florestan só veio a conhecer nos últimos anos de sua vida (Maria sempre se recusou a dizer-lhe o nome do pai, que só foi confiado à mulher de Florestan, Myrian Rodrigues, após muita insistência. Myrian o revelou a Florestan, que, ao que se sabe,

---

[14] A mãe de Maria, Ana, após a morte do marido, mudou-se para o Butantã, em São Paulo, com um dos filhos, Nelo. Florestan faz apenas algumas menções a Ana (que "emprestaria" seu nome à primeira neta de Florestan) e a Francisco em seus depoimentos, e, talvez por isso, tenha causado a impressão de que essa relação fora cortada. Heloísa Fernandes, em entrevista ao autor, diz lembrar-se de ir visitar a avó Ana "muitas vezes quando criança", levada por Florestan, e de ter ido algumas vezes à casa da tia-avó Josefina, que também se mudara para São Paulo e morava em Taipas. "Lembro até hoje que havia um cinema que só passava seriados e que não tinha cadeiras; precisávamos levá-las de casa. Havia, ainda, uma outra irmã, Florinda, com a qual minha avó esteve rompida muitos anos, mas reatou a amizade. Para você ver como havia, sim, encontros familiares, acabei tendo um enamoramento de menina por um primo, Adílson, filho da Josefina. Em suma, meu pai e minha avó mantiveram relações com a família e, mesmo que não fossem semanais, meu pai manteve essas relações depois que se casou e teve filhos".

[15] Laurez Cerqueira, que foi assessor parlamentar de Florestan, narra de modo comovente seus primeiros anos de vida em *Florestan Fernandes, vida e obra*.

[16] Ou Juliano. Myrian diz não ter mais certeza da grafia (numa cidade como São Paulo, cheia de imigrantes italianos, é possível até que ambas tenham sido utilizadas pelo pai de Florestan).

não quis saber mais detalhes sobre ele, mas guardou seu nome num papel que foi encontrado na carteira do sociólogo após a sua morte). Escondeu a gravidez, deixou o emprego e partiu à procura de um novo trabalho. Conseguiu o novo emprego na casa da família Bresser, numa grande casa, na esquina da rua Bresser com a avenida Celso Garcia, no bairro do Brás.

O filho de dona Maria, como era tratada em família, receberia o mesmo nome de um personagem central da ópera *Fidélio*, a única escrita por Beethoven (1770-1827), concluída em 1814, quando a Áustria estava sob o domínio napoleônico. No libreto, Florestan está preso, e Leonora, disfarçada de homem e usando o nome de Fidélio, lutará para tirá-lo das masmorras de Don Pizzaro. Uma trama que, vista *a posteriori*, parece bastante adequada para batizar alguém como Florestan, que durante sua vida se engajou em tantas lutas por igualdade, liberdade e justiça. Mas a escolha teve, naturalmente, razões mais singelas. Florestan era também o nome de um rapaz que trabalhava como motorista para os Bresser e que teria ajudado muito dona Maria a enfrentar seus problemas, cedendo-lhe, muitas vezes, o café da manhã a que tinha direito. Esse outro Florestan se casaria com uma amiga de dona Maria, chamada Julieta.

A homenagem à amizade não apagava, no entanto, a relação com a ópera, ou, pelo menos, com o nome de origem estrangeira. Tal relação incomodou a madrinha de Florestan, Hermínia Bresser de Lima, para quem dona Maria trabalhava como lavadeira. Alguém com uma origem dessas deveria ter um nome mais simples.

> A minha madrinha dizia que Florestan não era nome para mim, era nome de alemão. E eu fiquei Vicente para a família de minha madrinha, e para a minha própria família, que achou muito estranho chamar alguém de Florestan.[17]

Essa foi apenas uma das pequenas crueldades com as quais os Bresser reafirmavam suas posições de classe. Mas não eram

---

[17] *Novos Estudos*, nº 42, p. 7.

as únicas. Florestan contava em casa que era freqüentemente testado por dona Hermínia, durante a infância, em sua honestidade. Ela espalhava moedas pela casa, um comportamento coerente com alguém que o sociólogo definiria como "uma mulher muito educada, muito refinada, mas criada sob a escravidão, com um comportamento muito autoritário, que via as pessoas humildes de uma perspectiva senhorial[18]. O que Vicente faria? Iria devolvê-las ou apropriar-se delas? Florestan sabia que estava sendo testado, não caía na armadilha, e devolvia aquelas moedas[19].

Apesar dessas pequenas e cruéis violências cotidianas, a vida entre os Bresser permitiu que Florestan tivesse seu primeiro contato com revistas infantis, como a *Tico-Tico*, e livros infantis, e que também se iniciasse num "padrão de curiosidade intelectual". Florestan passa, então, a observar um mundo que não era o seu e a ter outras experiências que o fizeram de certa forma "expandir" seu universo de referências e de possibilidades:

> Na casa da minha madrinha Hermínia Bresser de Lima, onde vivi durante uma parte da infância, ou ocasionalmente ia passar alguns dias, e na casa de outros patrões de minha mãe, entrei em contato com o que era *ser gente* e *viver como gente*. Além disso, através de várias ocupações, morei na casa de empregadores – uma família negra, outra família italiana e, parcialmente, uma família sírio-libanesa. Em suma, do "tradicional" ao "moderno", do "nacional" ao "estrangeiro", dei-me conta de quão grande e complexo era o mundo, e que nada me forçava a encerrar-me no confinamento dos porões, dos cortiços e dos quartos de aluguel em que morava com a minha mãe.[20]

A relação entre Maria e Hermínia, no entanto, não era das mais estáveis. E, num dos momentos em que ela se deteriorou, dona Maria e Florestan mudaram-se para uma casa de dois

---

[18] Eliana Veras Soares, *Florestan Fernandes: o militante solitário*, p. 22.
[19] Segundo Heloísa Fernandes.
[20] *A sociologia no Brasil*, p. 143.

cômodos na periferia de São Paulo. Dona Hermínia, contudo, manteve contato com a família Fernandes. Mãe e filho visitavam a madrinha com alguma freqüência e, no Natal, os Bresser visitavam o afilhado. Nesses dias especiais, Florestan passeava de carro pelo bairro, vestindo a melhor roupa, sentindo-se "uma criança de verdade".

Quando Florestan fez seis anos, dona Hermínia convenceu dona Maria a deixá-lo viver com ela. É quando Florestan passa, pela primeira vez, a freqüentar uma escola. Nessa época, Florestan ia às aulas com a filha adotiva de dona Hermínia, Ivana. Com ela, disputava quem faria o sapato durar mais tempo. A disputa era desleal, porque Ivana tinha muito mais pares do que Florestan. Ele, então, saía de casa com o sapato, tirava, e recolocava de novo perto da escola. Fazia o mesmo na volta. Certa vez, um parente da madrinha viu o menino andando descalço e avisou. Florestan reagiu, quebrando a ponta de um lápis de propósito – o que lhe rendeu uma "sova"[21].

Dona Hermínia pediu, nessa época, que dona Maria desse, definitivamente, Florestan para ela, ao que a mãe do nosso personagem teria respondido: "Filhos não se dão, dão-se cães"[22]. Em seguida, levou Florestan de volta para a vida dos cômodos sombrios e cortiços, em que a limpeza exigente da mãe não excluía a presença de baratas e o uso de roupas remendadas e largas, herdadas de crianças mais velhas ou ganhas de famílias generosas.

Dona Maria teve outros romances depois do nascimento de Florestan. Um deles com João Gonçalves de Carvalho, garçom que "era um homem culto e lia muitos livros", tendo sido também uma das influências para que Florestan dissesse que "nunca parou de estudar"[23]. Com um homem chamado

---

[21] Entrevista de Heloísa Fernandes ao autor e entrevista de Florestan a Paulo Moreira Leite.
[22] Entrevista de Florestan a Paulo Moreira Leite.
[23] *Novos Estudos*, nº 42, p. 7, e *Teoria e Debate*, nº 13, p. 18.

Godofredo, dona Maria teve uma menina, única irmã de Florestan, que recebeu o nome de Teresa. Florestan chegou a ajudar a tomar conta da garota, que havia nascido cega. Na separação, Teresa ficou com uma irmã de Godofredo, mas acabou morrendo aos cinco anos[24]. Nos anos 1980, a filha Heloísa, a pedido do pai, emprestou-lhe um livro, romance muito popular na época, também adaptado para o cinema, chamado *A escolha de Sofia*, de William Styron, cuja leitura teria deixado Florestan "emocionadíssimo". Pela primeira vez, contaria à filha sobre a existência da irmã. O livro narra a difícil decisão de uma mãe, durante a Segunda Guerra Mundial, que tem de escolher um dos filhos para ser salvo. Segundo Florestan, o mesmo teria ocorrido com dona Maria, que, como a personagem do livro, escolheu o menino[25].

Sem o amparo e a segurança da família Bresser, Florestan volta à vida de estudante no Grupo Escolar Maria José, na esquina da rua Manuel Dutra com a rua Treze de Maio, na Bela Vista. E começa, também, uma outra vida, a de trabalhador. Aos seis anos, limpava as roupas dos clientes de uma barbearia na rua Maria Paula: "Sempre fui muito anêmico, mas, apesar de anêmico, era uma criança bonitinha, os fregueses se engraçavam, davam quatrocentos réis, duzentos réis, o que era muito dinheiro no final do dia"[26]. Mais ou menos nessa época, Florestan percebeu que havia dias em que faturava mais e dias em que ganhava só para comer. Passou, então, a guardar o excedente no sapato e depois num saquinho de pano que ele mesmo costurara e

---

[24] Nos anos 1980, durante uma internação, dona Maria recebeu no hospital a visita de Godofredo e voltou a viver com ele, para espanto de Florestan, mais uma vez surpreendido pela impetuosidade da mãe.

[25] Segundo entrevista de Heloísa Fernandes ao autor. O livro faz parte da proporcionalmente pequena estante de romances da Biblioteca Florestan Fernandes, em São Carlos.

[26] "A pessoa e o político", entrevista, em *Nova Escrita – Ensaio*, nº 8, p. 12.

escondia no colchão em que dormia. Assim, driblava as incertezas do dia-a-dia[27].

Na escola, em que o professor tinha autorização da mãe para castigá-lo, Florestan era chamado para ajudar a tomar a tabuada dos colegas, que respondiam à sua rigidez chutando a canela do assistente do professor. A briga, muitas vezes, continuava depois das aulas, do lado de fora da escola. Mas os colegas, nos três anos de educação regular que Florestan pôde seguir, antes que o trabalho tomasse a parcela mais significativa de seu tempo, também se divertiam: por vezes, cabulavam as aulas para subir o Morro dos Ingleses e espiar as casas das famílias ricas que ali viviam.

Ainda na barbearia, Florestan, por intermédio de um colega negro, que fazia o mesmo serviço que ele, foi convencido de que engraxar sapatos era uma atividade mais rentável. Engraxou na Bela Vista, no Cambuci e, finalmente, no largo Ana Rosa, em frente à parada dos bondes. Na época, morava no Bosque da Saúde, de onde ia e voltava a pé. Na defesa de seu ponto no largo Ana Rosa, Florestan enfrentou duas lutas "espetaculares": na primeira, com um garoto pelo menos cinco anos mais velho, tacou-lhe uma embalagem de Sapólio Radium na cabeça, o bastante para derrubá-lo e mantê-lo longe de novos assédios. Na outra, com um garoto conhecido por Papaiano, teve de fugir diante da primeira ameaça, após ser expulso de seu ponto. Em casa, pediu à severa dona Maria (que, quando sabia que o filho havia brigado na rua, batia-lhe em casa) que se mudassem, porque a situação estava complicada para ele na rua. Dona Maria rejeitou o pedido do filho. Florestan, então, teria ido para o fundo da casa. Lá,

---

[27] Há algumas inconsistências quanto à idade exata em que Florestan passa a estudar na Bela Vista e a trabalhar. Em entrevistas a jornais, ele chega a dizer que começou a trabalhar aos cinco anos, o que não muda a essência de que Florestan foi um trabalhador infantil, com os prejuízos que tal forma de exploração ocasiona.

distraiu-se com uma lâmina de barbear usada. Enquanto brincava, pensou numa solução: quebrou a lâmina em pequenos pedaços e enfiou-os no bico da bota. Papaiano, assim que Florestan ficou desprotegido, seguiu o ritual da briga de rua daquele tempo: cruzou os braços diante de Florestan, cuspiu no chão. Florestan passou o pé por cima do cuspe, também seguindo o código. Papaiano esfregou sua mão na cara de Florestan, e Florestan esfregou a dele na cara de Papaiano. Quando o grandalhão levantou a mão mais uma vez, Florestan chutou-lhe a canela e ele caiu aos gritos, com as mãos sobre o corte. Mais um poderoso da rua caía diante do menino que parecia fraco, mas que sabia preparar-se para luta[28]. Antonio Candido, ao relembrar os relatos de Florestan, situa o uso da mesma arma em outro local, a escola. Sua finalidade seria afastar os garotos que se metiam a abusar sexualmente dos mais novos[29].

Nada impede que Florestan tenha usado a arma mais de uma vez, é verdade. O conflito de versões expressa, mais do que uma possível inexatidão, algo que Ecléa Bosi chama de "o tempo vivo da memória" do momento dos diferentes relatos. Alguns dos fatos narrados por Florestan, por aqueles que se detiveram sobre sua vida e por mim, talvez possam estar deslocados no tempo, na intensidade e no espaço com relação ao "real", mas certamente são muito coerentes com a memória que Florestan construiu de sua infância e que foi "o pai do homem".

Com nove anos, ele já ganharia "tanto quanto um adulto naquela ocasião, engraxando, fazendo serviços improvisados e outras coisas"[30]. Numa ocasião mais formal, Florestan escreveria:

---

[28] *Florestan Fernandes, vida e obra*, p. 17-8.
[29] Entrevista de Antonio Candido ao autor.
[30] *Novos Estudos*, nº 42, p. 7.

Ainda que isso pareça pouco ortodoxo e antiintelectualista, afirmo que iniciei a minha *aprendizagem* "sociológica" aos seis anos, quando precisei ganhar a vida como se fosse um adulto e penetrei, pelas vias da experiência concreta, no conhecimento do que é a *convivência humana* e a *sociedade*, em uma cidade na qual não prevalecia a "ordem das bicadas", mas a "relação de presa", pela qual o homem se alimentava do homem.[31]

O garoto Florestan trabalhou também – em condições degradantes – como auxiliar numa alfaiataria, ainda antes de completar dez anos; sua função era pregar botões, alinhavar e fazer bainhas de calças. Como o local ficava longe de sua casa, dona Maria aceitou que ele lá dormisse. Florestan, nos fins de semana, queixava-se da comida e das condições de hospedagem – quando chovia, a água escorria pela parede e atingia a cama improvisada no porão, por onde circulavam livremente as baratas (para estancar a água que entrava pelo respiro do porão, ele usava os retalhos). "Ao contar essa história, ele dizia, brincando com as condições do lugar onde viveu, que aquele era o seu cineminha Paramount, disponível e de graça todas as noites antes de dormir"[32], pois Florestan podia, também pelo respiro, perceber os vultos, ouvir os passos e, o que talvez estimulasse profundamente a sua imaginação, escutar fragmentos de conversas que ali por perto eram travadas. Dona Maria, desconfiada das queixas de Florestan, foi verificar as condições da alfaiataria, e acabou tirando-o de lá.

O contato com a realidade cotidiana do trabalho infantil e a convivência com imigrantes e descendentes também seriam responsáveis pela primeira "aparição" da política na vida de Florestan, em 1930, com o golpe que levou os positivistas gaúchos ao poder, sob o comando de Getúlio Vargas. Acom-

---

[31] *A sociologia no Brasil*, p. 142.
[32] *Florestan Fernandes, vida e obra*, p. 24.

panhando a massa, o menino de dez anos saiu pelas ruas gritando: "Nós queremos Getúlio! Nós queremos Getúlio!"[33].

O emprego que faria a vida de Florestan mudar foi o de garçom no bar Bidu, na rua Líbero Badaró, onde aproveitava os momentos mais calmos para ler atrás do balcão. Antes disso, Florestan já havia trabalhado num açougue, numa marcenaria e numa padaria, sempre ajudando a completar ou mesmo sendo responsável pela maior parte da renda familiar. A trajetória de trabalho infantil, a origem em uma família de imigrantes relativamente desestruturada, apesar da força moral de sua mãe, mãe "solteira" numa sociedade machista, haviam contribuído para a formação de uma personalidade forte e ousada, capaz de, quando necessário, enfrentar as resistências de seus pares a suas aspirações intelectuais – a essa altura, Florestan superara em muito o que aprendera nos três anos de escola, tornando-se um autodidata que encontrava na leitura de romances, contos e alguns ensaios espaço para que a imaginação fizesse mais "suportável" uma vida bastante sacrificada.

A grande virada na vida de Florestan, em 1937, coincide com o ano do golpe com que Getúlio inicia, "oficialmente", a ditadura Vargas. Curiosamente, na maior entrevista que concedeu e que resultou no livro *A condição do sociólogo,* ele não faz uma associação entre a vida política do país, que mudava

---

[33] A lembrança do fato em *A condição de sociólogo*, p. 51, serve para fazer uma profunda crítica do movimento que levou Vargas ao poder. Na seqüência da referência à palavra de ordem, Florestan Fernandes faz a análise: "Isso mostra qual era o impacto popular da revolução de 1930. Mas, com o poder na mão, o setor que ganhou a revolução não poderia deixar de ser representante da minoria e de implantar um governo elitista, ainda que renovador e modernizador. Uma modernização controlada a partir de dentro, através de reivindicações que muitas vezes tinham um sentido demagógico e com implicações populistas".

rapidamente, e sua trajetória pessoal. O fato é que, alguns anos antes, em 1933 e 1934, numa reação à revolução de 1930, a elite paulistana iniciaria dois projetos no campo das ciências sociais que acabariam abrindo as portas para gente como Florestan – e para outros também de origem social e/ou econômica modesta, como um dos freqüentadores do bar Bidu, Mário Wagner Vieira da Cunha, já iniciado nos meandros da sociologia e que deu, nessa época, muitos livros a Florestan[34]. Os dois voltariam a se encontrar no dia-a-dia do trabalho intelectual, nos corredores e nas bancas da Escola Livre de Sociologia e Política (ELSP).

Antes de narrar a volta de Florestan aos estudos e sua entrada na vida universitária, vale a pena lembrar que a Universidade de São Paulo só foi criada em 1934, e que a ELSP de São Paulo, onde fez seu mestrado, surgiu um ano antes, quando Florestan tinha apenas treze anos. O projeto de criação da Universidade de São Paulo pela elite paulista remonta aos últimos anos da década de 1920. Embalada pelo movimento modernista, de 1922, e pela industrialização, um dos nomes mais representativos dessa elite, Júlio de Mesquita Filho, diretor do jornal *O Estado de S. Paulo*, propôs a criação de uma universidade que deveria tornar-se o "principal centro científico da América do Sul"[35].

A questão do ensino e da pesquisa em nível superior colocava-se cada vez mais fortemente em São Paulo e no Brasil, mas os problemas relacionados à educação não eram percebidos apenas nessa esfera. A educação apareceu, para os "bons homens" de São Paulo, como um caminho para responder a uma série de questões "novas" – ou, melhor dizendo, "modernas": a

---

[34] Sylvia Gemignani Garcia, *Destino ímpar*, p. 59.
[35] Cf. Nicolau Sevcenko, *Orfeu extático na metrópole: São Paulo, sociedade e cultura nos frementes anos 1920*, p. 231.

influência cultural e econômica dos imigrantes, o analfabetismo, as precariedades da administração pública e o desejo de controlar também por intermédio do universo das idéias uma massa que se agitava e conquistava seus espaços por meio de movimentos reivindicatórios e mesmo de organizações políticas (a fundação do Partido Comunista do Brasil, PCB, ocorre em 1922, como é bem sabido, buscando suas bases num operariado já formado pelo discurso sindical e anarquista). É nesse espírito que Fernando de Azevedo, um ex-seminarista e educador militante ligado ao grupo do *Estado,* organiza, em 1926, o inquérito sobre a instrução pública, a pedido de Júlio de Mesquita Filho. A reforma Francisco Campos, no primeiro governo Getúlio Vargas, em 1931, regulamentaria o sistema de ensino superior e abriria o caminho para a criação da Universidade de São Paulo com uma forte faculdade de filosofia, seguindo um modelo europeu e, particularmente, francês.

Com a Revolução de 1930 e a derrota da "contra-revolução" de 1932, os paulistas, na definição do modernista Sérgio Milliet, ligado à "ala cultural" do Partido Democrático e que dirigiria por longos anos a Biblioteca Municipal, passam a procurar "noutro campo a solução de seus problemas: o campo da educação e do ensino". Segundo ele, num raciocínio que podemos estender à USP, o projeto da Escola Livre de Sociologia e Política "liga-se intimamente" à percepção de "inutilidade das guerras civis". E, partindo do princípio de que "todo o problema da época moderna é um problema educacional", Milliet chega a prometer:

> De São Paulo não sairão mais guerras civis anárquicas; sairá, isso sim, uma revolução intelectual e científica, suscetível de mudar as concepções econômicas e sociais dos brasileiros; de fazer do nosso país uma grande potência de nação.[36]

Sylvia Gemingnani Garcia, que estudou a formação de Florestan Fernandes, escreve que, entre a corrupção oligárquica

---
[36] Citado em *Destino ímpar,* p. 43.

da política, o anti-humanismo utilitarista e a ameaça das massas incultas, os liberais paulistas projetaram-se em uma concepção de universidade que permitiu a afirmação de uma independência, fundada na cultura e na ciência, contraposta à subordinação dos "coronéis" e dos imigrantes ao poder e ao dinheiro, respectivamente.

Tal necessidade política levou à adoção de um critério pouco usual, pelo menos na história brasileira, de seleção: o recrutamento, segundo o projeto, seria feito com base em critérios acadêmicos e científicos de organização, e não respondendo aos tradicionais critérios "econômicos, políticos ou doutrinários"[37]. Daí, por exemplo, a decisão de contratar professores estrangeiros, especialmente franceses, que tanto marcaria a trajetória da Universidade de São Paulo.

Também orientaria a formação da Universidade de São Paulo a idéia de que era preciso formar uma elite para educar o povo. Na escala da organização educacional, o povo receberia o ensino primário; as classes médias, o secundário; e as elites, o superior. A Universidade de São Paulo, assim, nasceria com o objetivo de formar a elite – para então disseminar a cultura, de cima para baixo. A grande diferença é que havia os que acreditavam que essa nova elite devia ser recrutada "democraticamente". Fernando de Azevedo, o homem que redigiu o decreto-lei de 1934 que criou a universidade, havia deixado claro qual era sua posição:

> À medida que a educação for estendendo a sua influência, despertadora de vocações, vai penetrando até as camadas mais obscuras, para aí, entre os próprios operários, descobrir "o grande homem, o cidadão útil", que o Estado tem o dever de atrair,

---

[37] Essa breve "história" da razão pela qual a Universidade de São Paulo estava aberta a homens como Florestan Fernandes no início dos anos 1940 é devedora, em grande medida, da análise de Sylvia Gemignani Garcia, que estudou especificamente o caso do sociólogo, e dos textos que integram o volume 1 do livro *História das ciências sociais no Brasil*, trabalho organizado por Sérgio Miceli.

submetendo a uma prova constante as idéias e os homens, para os elevar e selecionar, segundo seu valor ou sua capacidade.

Azevedo, um homem formado na cultura clássica, defendia também a tese de que é possível pensar uma grande civilização, como a romana, a grega e a da européia até o século XIX, sem instrução primária, "mas não se concebe nenhum desses 'momentos de civilização' sem as elites poderosas que os criaram"[38].

A concepção liberal conservadora convivia, portanto, com essa outra concepção liberal, mais democrática e progressista, que acreditava na igualdade de condições como força motriz na formação de uma intelectualidade nacional. Os dois liberalismos, no entanto, tiveram de lidar com um problema prático, e a realidade abriu espaço para que o segundo predominasse sobre o primeiro: os filhos das famílias mais tradicionais de São Paulo não viram na Faculdade de Filosofia, Ciências e Letras (FFCL), criada em 1934, um caminho para a vida intelectual e prática – eles continuaram a preferir as escolas tradicionais que foram incorporadas à USP, ou seja, a Faculdade de Medicina, a Faculdade de Direito e a Escola Politécnica, as "faculdades profissionais". No ano da criação da USP, o número de alunos era insuficiente. Diante da ameaça, Fernando de Azevedo, com autorização de Júlio de Mesquita Filho, faz um recrutamento entre os candidatos do Instituto de Educação, onde passa de sala em sala avisando da reabertura das inscrições para os exames da FFCL. O esforço deu resultado, e no primeiro ano matricularam-se 182 alunos. As aulas, muitas delas dadas em francês, atraíam também personalidades. O historiador Fernand Braudel lembra que

> [...] na sala havia representantes do governador, amigos de Júlio de Mesquita Filho, o dono do jornal *O Estado de S. Paulo*, e diversos grã-finos que deixavam seus carrões estacionados na porta. Havia também intelectuais autodidatas, como Paulo Prado,

---

[38] Fernando de Azevedo, *A educação pública em São Paulo*, p. 451 e 453, citado em *Destino ímpar*, p. 52-3.

um homem de enorme finesse e que possuía uma fantástica coleção de pinturas. Muitos vinham só para se distrair.

Mas a novidade e o convescote da elite deu lugar à dura realidade: depois de um semestre, matricularam-se no ano seguinte apenas 37 alunos. "Três das seções, física, química e história natural, ficaram sem qualquer aluno para dar prosseguimento a seus cursos."[39]

Havia necessidade, portanto, de um novo "salvamento"[40], que ocorreu com a figura do professor comissionado. Os professores do Estado que fossem aprovados na universidade poderiam seguir o curso continuando a receber seus salários no período, mesmo afastados da sala de aula. Com isso, caso fizessem também a licenciatura, poderiam tornar-se professores do segundo grau, o que era uma porta para salários mais altos. No segundo ano de funcionamento da FFCL, o número de novos alunos chegara a apenas 123. Foi preciso reabrir as matrículas, dessa vez com a figura do comissionado, para que eles chegassem a 218.

Com isso, desde a primeira turma, mas principalmente a partir da segunda, a Universidade de São Paulo, que foi imaginada para os filhos da elite, abriu-se, por força das contingências, para estudantes que vinham de famílias mais humildes, sendo, em muitos casos, os primeiros a freqüentar um curso superior. Também chegam por essa via à faculdade muitos filhos de imigrantes, alguns deles de famílias já mais estabelecidas economicamente, mas que não tinham as portas tão abertas nas escolas tradicionais. E, o que é um grande salto para a época, muitas mulheres passam a freqüentar o ensino superior. Até 1941, ano em que Florestan Fernandes entra na FFCL, haviam se formado

---

[39] *História das ciências sociais no Brasil*, v. 1, p. 158.
[40] Fernando de Azevedo é quem diz que a passagem pelas salas de aula do Instituto de Educação, que dirigia, salvou a faculdade que estava a perigo. Para o segundo "salvamento", confio em depoimento de Antonio Candido.

em Ciências Sociais pela faculdade 16 mulheres para 16 homens (para efeito comparativo, entre 1934 e 1939, a presença feminina não representava nem 1,5% do contingente total de bacharéis formados pela Faculdade de Direito da USP). E, desses 32 estudantes, pelo menos 14 podiam ser identificados pelo nome como imigrantes ou descendentes de imigrantes[41].

Enquanto esses imigrantes e essas mulheres "arrombavam" as portas de um espaço pensado inicialmente para a elite tradicional, Florestan seguia sua vida de trabalhador e de estudante "autônomo". Aproveitava o tempo livre no bar Bidu, entre uma cerveja e outra que entregava na mesa dos clientes, para ler os livros que guardava atrás do balcão.

Essas "escapadas" e a habilidade do garçom nas discussões sobre história romana[42] chamaram a atenção de clientes. Florestan também ficava atento àqueles que poderiam fazê-lo aprender algo novo. Alguns desses clientes lhe davam livros, que ele foi adicionando a sua biblioteca, mesmo enfrentando a chacota de seus pares, que zombavam de seu interesse pelas leituras. "(Eles) praticamente me incitavam a não deixar de ser como eles e a cultivar a ignorância como um *estado natural do homem*."[43] Ainda segundo Florestan, nos bares e restaurantes em que trabalhou ele nunca teria recebido um apoio ou um conselho construtivo de nenhum colega. Também a mãe resistiria a que o filho voltasse a estudar, temendo que ele a abandonasse. O temor da mãe de Florestan hoje pode soar estranho, mas na época fazia todo o sentido. Machado de Assis não foi o único –

---

[41] *História das ciências sociais no Brasil*, v. 1, p. 75 e 77. O próprio Florestan, como Fernandes não é um sobrenome evidentemente "imigrante", provavelmente não entraria nessa estatística.

[42] Entrevista a Paulo Moreira Leite.

[43] *A sociologia no Brasil*, p. 147.

talvez tenha sido apenas o mais notável – caso de "estudioso" que virou as costas para o passado em sua vida prática (na sua obra, é possível dizer o oposto, ou seja, que ela é devedora da consciência de Machado de sua origem e trajetória, sem ser um mero relato dela). Esse temor também explica o comportamento dos amigos que temiam que ele ficasse com o "miolo mole" de tanto ler. Para "quebrar" a resistência da mãe, Florestan chegou a dizer-lhe, quando a volta ao estudo tornou-se viável: "A partir desse momento, ou fico em casa e vou estudar, ou saio de casa para estudar e a senhora perde o filho"[44]. Assim, Florestan rompia de forma consciente com o passado, dando um passo adiante, mas bastante doloroso, na construção de sua própria história[45].

Além de livros, Florestan conseguiu o que chamou de "apoio prático" para seguir em frente. De Manoel Lopes de Oliveira Neto, veio o principal impulso para isso. Maneco[46], como era conhecido, obteve para o esforçado garçom que o servia no Bidu um emprego mais leve, o de entregador de amostras do Laboratório Novoterápica, um "emprego notável" e que rompia o "círculo de ferro" do lumpemproletariado, grupo no qual Florestan se incluía e que, na "arquitetura mental" do jovem trabalhador na época, vinha "logo abaixo dos gatunos profissionais e dos vagabundos, das prostitutas e dos soldados da Força Pública". Antes disso, Clara Augusta Bresser, irmã de dona Hermínia, tentara obter, por meio de suas relações pessoais, um emprego melhor que o de garçom para Florestan, sem su-

---

[44] *A condição de sociólogo*, p. 30.
[45] Para Sylvia Gemignani Garcia, "ao 'subir à superfície', Florestan rompeu com o passado e ao mesmo tempo comprometeu-se profundamente com ele, e entre as poderosas forças psicológicas envolvidas nesse processo não parece estar de todo ausente, na conformação de um austero senso de dever, um sentimento de culpa pelo abandono dos iguais que, para além de toda lealdade, são objetivamente deixados para trás à medida que Florestan conquista um outro lugar na sociedade" (*Destino ímpar*, p. 69).
[46] Maneco Lopes seguiria amigo de Florestan pela vida adiante, e seria chamado de vovô Maneco pelos filhos de Florestan.

cesso. "O mínimo que se pensava, sobre aquele 'tipo de gente', é que éramos 'ladrões' ou 'imprestáveis'!..."[47]

Florestan, com o novo emprego, que lhe deixava as noites livres, e o desconto que outro freqüentador do bar Bidu, o professor Jair de Azevedo Ribeiro, deu-lhe, passou a assistir às aulas do curso de madureza do Ginásio Riachuelo. No curso, ele estabeleceu fortes laços de amizade e começou a sentir-se, pela primeira vez, um "intelectual". O diretor da escola liberava a chave para os estudantes do período da noite continuarem estudando além do período normal. Florestan descobre, então, que aquela cidade cruel com as gentes "desenraizadas" como ele tinha "encantos" não tão proibidos. Nessa fase, ele conhece sua futura mulher, Myrian Rodrigues, numa festa de aniversário da madrinha de uma irmã de Myrian (Florestan era colega de um filho da dona da casa), e também faz "carreira" no Novoterápica, passando a chefiar a seção de materiais.

Quando estava completando o curso de madureza, segundo Florestan, houve uma mudança na legislação, que obrigava os estudantes a passar por longos exames em escolas públicas. Isso criava uma grande complicação para os estudantes do Riachuelo, uma vez que eles precisariam justificar as ausências no trabalho, o que não seria aceito caso eles fizessem as provas em São Paulo. A solução encontrada foi marcá-las para a cidade de São João da Boa Vista, no interior do Estado. Vários cursos fizeram o mesmo, dando origem a boatos de negociações escusas, o que elevou o rigor no exame. Aqui, novamente, Antonio Candido nos fornece uma versão conflitante, mas que merece ser registrada. Segundo ele, os cursos de madureza procuravam os colégios "mais fracos" no interior – entre eles, o de São João da Boa Vista, onde ele, Candido, havia se formado[48]. O fato é que, com média 87 (a nota mais alta foi um

---

[47] *A sociologia no Brasil*, p. 148.
[48] Em entrevista ao autor.

cem em matemática e a mais baixa um 55 em desenho), em 29 de janeiro de 1941, era expedida a aprovação de Florestan no curso, e ele estava pronto para prestar o exame na universidade.

O trabalho de Florestan Fernandes sobre as "trocinhas" do Bom Retiro ganhou, em sua edição pela *Revista do Arquivo Municipal*, em 1947, um prefácio do sociólogo Roger Bastide. O francês, de certo modo, demonstra seu espanto diante do esforço de Florestan para penetrar no universo infantil. "Quem somos nós, para as crianças que brincam ao nosso redor, senão sombras?", pergunta, para mais à frente decretar:

> Para poder estudar a criança, é preciso tornar-se criança. Quero com isso dizer que não basta observar a criança de fora, como também não basta prestar-se a seus brinquedos; é preciso penetrar, além do círculo mágico que dela nos separa, em suas preocupações, suas paixões, é preciso viver o brinquedo. E isso não é dado a toda gente.[49]

Florestan penetrou apaixonadamente nesse estudo, buscando versões de brincadeiras, de folguedos, de rimas, de estrofes. Mas fez isso não apenas para registrar e determinar suas origens, mas também para entender seus significados mais profundos. A partir desses artigos, Florestan definiria uma linha de combate na cena intelectual paulista, optando por uma abordagem metódica e rejeitando a perspectiva até então predominante nos estudos sobre o folclore[50].

---

[49] *Folclore e mudança social na cidade de São Paulo*, p. 196.
[50] Para Maria Arminda do Nascimento Arruda e Sylvia Gemignani Garcia, Florestan rejeita as concepções básicas do campo dos estudos folclóricos, "a idéia de uma diferença de natureza entre a cultura tradicional de camadas sociais populares e a cultura secular dos estratos sociais superiores", que sustenta a definição do folclore como "a cultura dos incultos" (*Florestan Fernandes, mestre da sociologia moderna*, p. 65-6).

No estudo dos conflitos e "guerras" infantis entre as trocinhas, que envolvem manobras táticas e enfrentamentos em morros e baixadas, e de trovinhas e cantorias que tratam de temas como a proibição do incesto, Florestan vai analisando as complexas relações entre as crianças e os mecanismos de aceitação social.

> Quando um menino rico pretende integrar-se num grupo onde predominam os meninos pobres ou de classe média, os membros do grupo o recebem mal, avaliando-o negativamente, chamando-o de "mariquinhas" e de "grã-fino". [...] Por outro lado, o menino pobre ainda encontra mais dificuldades para pertencer a "trocinhas" dos meninos ricos.[51]

Outro aspecto bastante interessante do trabalho é que Florestan, num momento em que crescia a preocupação com a influência estrangeira, viu nas trocinhas um elemento de unificação dos diferentes grupos de imigrantes que conviviam na cidade. Segundo ele, os grupos infantis não estavam apoiados em distinções extremas entre as crianças. E, relativamente à nacionalidade, o máximo que se apuravam eram "xingações": meninos judeus eram chamados de "gambás" e "brasileiros-macacos"; espanhóis, de "vendedores de ferro-velho", "ferro-velho" ou "garrafa vazia"; os italianos, "carcamanos"; os negros, "paus-de-fumo" e "tiçunos"; os japoneses, de "Tekago-na-Kara" e "japão". Apesar da grande incidência de imigrantes entre as crianças, Florestan não observa entre eles nenhuma brincadeira de roda, folguedo ou trovinha em outra língua. Isso permite que ele afirme, quando o mundo vivia a Segunda Guerra Mundial, que as crianças não só eram "integradas no sistema de valores do grupo social" por meio do folclore infantil, como também, no caso particular dos descendentes de imigrantes, acabariam contribuindo para a brasileirização dos pais.

Florestan, o menino pobre, desenraizado, que teve "pouco tempo para aproveitar a infância", mas que "nem por isso havia

---

[51] *Folclore e mudança social na cidade de São Paulo*, p. 210.

deixado de sofrer o impacto humano da vida nas trocinhas e de ter réstias de luz que vinham pela amizade que se forma através do companheirismo"[52], retomava assim aspectos da própria trajetória como arma para os novos episódios dos combates que começava a conhecer. Os estudos do folclore infantil, com o grande afinco e a enorme coleta de dados, permitem que Florestan reelabore sua própria história e sua própria formação na *belle époque* paulistana. Ao retomar essa experiência e lidar com ela intelectualmente, Florestan parece sentir-se pronto para manejar novas armas, aquelas que a universidade lhe apresenta e que se mostrarão muito mais eficientes que as giletes enfiadas na bota com as quais o engraxate fez reputação de valente entre os colegas mais velhos de ralé.

---

[52] *A sociologia no Brasil*, p. 143.

Vestido de marinheiro, em 1927, no Brás. Na infância, pouco estudo e muito trabalho: a primeira aprendizagem "sociológica", quando Florestan precisou "ganhar a vida como se fosse um adulto".

No Tiro de Guerra (ao lado) e no Colégio Riachuelo (Florestan é o quinto da esquerda para a direita na fila do meio), onde faz o curso de madureza e em que, pela primeira vez, sentiu-se como um "intelectual".

O atestado de aprovação de Florestan no curso de madureza, concedido por um colégio de São João da Boa Vista, o mesmo em que estudara Antonio Candido.

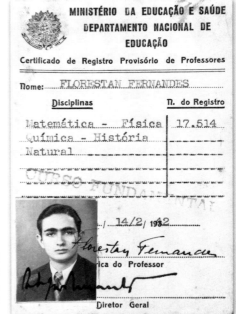

Em 1942, a primeira "carteira" de professor, ainda provisória. Ao entrar na faculdade, Florestan imaginava, como muitos colegas seus, que se tornaria professor do segundo grau.

A família: em 1934, com a mãe, dona Maria, época em que já trabalhava para ajudar no sustento da casa. Abaixo, os "protetores" dona Hermínia Bresser de Lima e seu marido, em meados dos anos 1920.

Florestan e Myrian, em foto sem data. Após quase quatro anos de namoro, os dois se casaram em 16 de setembro de 1944, dia em que ela completou 18 anos.

Myrian com os filhos do casal: Míriam Lúcia, Beatriz, Florestan Jr., Sílvia, Noêmia e Heloísa (da esquerda para a direita).

Maneco Lopes e Florestan: cliente do bar Bidu, Maneco ajudaria Florestan a "sair do poço" arrumando-lhe o emprego de entregador de amostras da Novoterápica.

Em 1961, Florestan recebe o título de "cidadão benemérito" de São Paulo: à frente da cadeira que fora de Roger Bastide, comandava a "escola paulista de sociologia".

Atrás das fichas

Na entrega do Prêmio Fábio Prado, em 1948, pelo estudo sobre os tupinambás. Entre os presentes, Myrian, Herbert Baldus (primeiro à sua direita), Fernando de Azevedo (de óculos), Milton da Silva Rodrigues (alto e magro) e Emilio Willems.

> Seguindo a lógica atual, alguém poderia escrever:
> *o lumpemproletariado chega à Universidade de São Paulo*. Todavia, não era o *lumpemproletariado* que chegava lá; era eu, o filho de uma ex-lavadeira, que não diria para a cidade de São Paulo "agora nós", como um célebre personagem de Balzac.
> *A sociologia no Brasil*

Na segunda metade dos anos 1940[1], Florestan Fernandes, já professor da Universidade de São Paulo, casado e pai, mudou-se para uma casa no Brooklin, na zona sul da cidade, que ficou famosa entre os intelectuais conterrâneos. Na rua Nebraska, número 392, onde viveria a maior parte do tempo até sua mudança para Brasília, em 1987, após ser eleito deputado, Florestan recebeu amigos, alunos, colegas da universidade, visitantes ilustres, militantes banidos, sindicalistas e políticos interessados na sua conversa, nos almoços caseiros de Myrian, na feijoada e na caipirinha que o professor preparava (mesmo quando o fígado adoecido já não permitia que ele compartilhasse a bebida). Mas, também, curiosos em conhecer a sua biblioteca.

Em meio aos livros, que guardava como verdadeiros tesouros desde a adolescência, protegidos por um pôster do revolucionário argentino Ernesto Che Guevara, Florestan mantinha um fichário de madeira, robusto, especialmente preparado para

---
[1] 1947, segundo a memória de Myrian Fernandes.

receber as anotações de seus estudos e pesquisas, com alguns pares de gavetas, com cerca de um metro e meio de altura.

Muitos foram os que comentaram a capacidade de trabalho intelectual de Florestan e a associaram às fichas ali guardadas, quase míticas, "grandes, de cartolina, que ia cobrindo de tinta roxa", segundo Antonio Candido[2]. "Eu me recordo dos gavetões de Florestan, onde tudo isto [as aulas sobre Mannheim] estava devidamente classificado em enormes fichas, todas escritas à mão. Nesse tempo, fazíamos ciência com papel, lápis e caneta, pouco mais do que isso", ressalta Fernando Henrique Cardoso[3]. Plínio de Arruda Sampaio, que foi apresentado a Florestan durante o exílio no Chile, no início dos anos 1970, mas foi conhecer o "gavetão" da rua Nebraska muito mais tarde, nos anos 1980, lembra[4] do orgulho com que Florestan lhe mostrou o móvel[5]. "Fiquei impressionado com os fichários de leitura; ele tinha uma disciplina muito grande", relata José Aderaldo Castelo[6]. Em resumo, "você via um fulano atrás de ficha, era o Florestan", como afirmou certa vez o sociólogo Maurício Tragtenberg.

Tragtenberg relembrava as fichas que Florestan, na Biblioteca Municipal, na rua da Consolação, preparava para seus estudos sobre os índios tupinambás, pesquisa que o levou a obter os títulos de mestre em Ciências Sociais pela Escola de Sociologia e Política e, posteriormente, de doutor na Faculdade de Filosofia, Ciências e Letras da Universidade de São Paulo. Na época, ele e outros jovens politicamente engajados teriam questionado a escolha de Florestan: "Como você pode estudar os tupinambás, com tantos problemas mais urgentes?". "Não era para agredir.

---

[2] *Florestan Fernandes*, p. 29.
[3] *O saber militante*, p. 26.
[4] Maria Angela D'Incao, em entrevista ao autor.
[5] Hoje, sem as fichas, devidamente guardadas, o armário pode ser visto em exposição permanente na biblioteca da Universidade Federal de São Carlos (SP).
[6] Em entrevista ao autor.

Nós gostávamos muito do Florestan, mas achávamos que havia coisa mais urgente para estudar", explicou Tragtenberg, que militou no mesmo grupo político que o amigo, o Partido Socialista Revolucionário (PSR), dirigido pelo jornalista Hermínio Sacchetta, ex-integrante do PCB que rompera com o stalinismo e organizara a formação trotskista[7].

Não há uma explicação, mesmo na perspectiva do próprio Florestan, que possa ser considerada suficiente para justificar a escolha de um mundo ao mesmo tempo tão próximo no espaço e tão distante no tempo como objeto de estudo, pelo menos diante da urgência de outros temas que o início dos anos 1940 parecia exigir dos intelectuais que a jovem USP estava formando. Ele dá algumas razões práticas, narra suas relações com os professores, menciona a visibilidade que acreditou que o trabalho teria, pondera o fracasso de uma pesquisa sobre a "aculturação" de famílias sírio-libanesas em São Paulo, mas não consegue, com esses argumentos, convencer ou mesmo concluir sua justificativa de modo satisfatório.

Particularmente, gosto de acreditar que, ao lado de muitas dessas motivações, uma boa explicação para o fato é que Florestan, ao estudar primeiro a organização social e depois, a função social da guerra entre os tupinambás, estava mergulhando no seu tema preferido, presente nos estudos sobre o folclore e a rivalidade entre as trocinhas, mas de uma forma menos explícita. Assim, ele partia para o estudo direto do conflito, o conflito entre os colonizadores e uma das nações indígenas mais significativas da primeira história do Brasil, nos séculos XVI e XVII, seus detalhes, suas motivações, seus sentidos, suas armas, formas de organização, luta e resistência, guardando, graças ao recuo no tempo, uma responsável posição defensiva diante das pressões que ainda sentia, devido à sensação de desconforto que o mundo da classe média universitária lhe impunha. Se essa "tese" também resolve o problema

---

[7] Maurício Tragtenberg, *Memórias de um autodidata no Brasil*, p. 53.

apenas parcialmente, ela é bastante coerente com a outra grande pesquisa que Florestan empreenderá, junto com Roger Bastide, sobre a relação entre brancos e negros na cidade de São Paulo, aí, sim, um debate franco, duro, aberto e contemporâneo com a sociedade e com seus pares sociólogos[8].

Ninguém entrava no curso de Ciências Sociais da Universidade de São Paulo, que então funcionava na praça da República, se não mostrasse capacidade de discutir a obra de Émile Durkheim[9]. Não seria diferente com Florestan Fernandes, que disputou, com mais 28 candidatos, uma das trinta vagas do curso – havia menos candidatos do que vagas, é verdade, mas seriam poucos os aprovados: somente seis seriam admitidos, ou seja, cada candidato concorria, essencialmente, contra a sua própria formação. E, nesse aspecto, Florestan, apesar dos incríveis avanços e da confiança que conquistara durante o curso de madureza, enfrentava algumas deficiências – uma delas era o fato de não ser ainda fluente na "língua franca" da Faculdade de Filosofia, Ciências e Letras da Universidade de São Paulo, o francês.
Segundo conta, em 1941, quando faz a prova para o curso de Ciências Sociais, o ponto da prova oral relacionava-se a um trecho do livro de Durkheim *Da divisão do trabalho social*. Na banca, estavam os dois Bastide, o "Bastidão", Paul-Arbousse Bastide, e o "Bastidinho", Roger Bastide[10]. A questão foi formu-

---

[8] *Brancos e negros em São Paulo*. Jacob Gorender apontará no marxismo de Florestan o possível motivo para suas opções de pesquisa: "O marxismo teve para ele a significação singular e única de indicador dos temas de pesquisa, de 'crivo inicial das opções de investigação', seja como líder de uma escola de pensamento social, seja nas suas próprias pesquisas sobre 'segmentos discriminados da sociedade brasileira, ou seja, os índios e os negros' *(Florestan Fernandes: edição especial, Revista da Adusp*, nº 4, p. 32-3)."
[9] Assim lembrou Antonio Candido, em entrevista ao autor.
[10] Assim os chama Maurício Tragtenberg em *Memórias de um autodidata no Brasil*.

lada em francês, o que era considerado natural na época mesmo no exame de seleção, mas Florestan sentiu-se inseguro na língua que, no máximo, lia razoavelmente, e pediu que a prova fosse feita em português. Diante do impasse e depois de uma breve reunião, os professores consentiram, e Florestan pôde desenvolver seu tema, obtendo o quinto lugar no exame[11].

Como não havia cursos noturnos na USP no início dos 1940, o campo de escolha de Florestan ficara restrito à Faculdade de Direito e a alguns cursos da FFCL.

> Pretendia fazer, não me lembro por que – se é que cheguei a saber – o curso de engenharia química, na Politécnica. Contudo, teria de ser aluno em tempo integral, o que me era impossível, pois tinha que manter a casa. A escolha de ciências sociais e políticas correu por conta das oportunidades que coincidiam com meus interesses intelectuais mais profundos.

Florestan, nessa época, já se imaginava como professor do segundo grau, e, graças ao que chama de um "vago socialismo", foi levado a pensar "que poderia conciliar as duas coisas, a necessidade de ter uma profissão e o anseio de 'modificar a sociedade'" ao escolher ciências sociais[12]. A aprovação abria um novo caminho para o jovem autodidata, mas não o livraria do trabalho para se manter e, ao mesmo tempo, ajudar a mãe. Durante todo o curso de graduação em ciências sociais, e mesmo depois de ser contratado, em 1945, como assistente de Fernando de Azevedo na cadeira de Sociologia II, Florestan foi obrigado a combinar a venda e a divulgação de produtos farmacêuticos e odontológicos com os estudos, procurando sempre trabalhos externos, nos quais tinha mais

---

[11] Antonio Candido disse, em entrevista ao autor, que "nunca soube" que houvesse uma classificação para os exames vestibulares nesse período, mas que é possível que Florestan Fernandes tenha, na faculdade, posteriormente, feito uma busca pela informação, publicada em *A sociologia no Brasil*.

[12] *A sociologia no Brasil*, p. 154.

condições de administrar seu tempo livre[13]. Só abandonou definitivamente esse trabalho quando foi estabelecido o tempo integral para os professores da cadeira, em 1947.

Apesar da permanência das dificuldades do mundo do trabalho, a entrada na USP consolida a "saída do poço" de Florestan, ou, como também chamou, a "transposição dos muros de uma fortaleza". Na sua imaginação na época, conformada na classe social em que se criara, havia

> dois tipos de seres humanos e de mundos: [...] Uns viviam dentro do poço e não conseguiam sair dele. Quando tentavam, ou os que andavam na superfície pisavam em suas mãos, e eles caíam, ou os que estavam lá dentro puxavam-nos para baixo.

Contra essa situação, "não havia sentimento de ódio": as dificuldades criadas pelos "de cima" e as resistências organizadas pelos "de baixo" eram consideradas parte da "sina" dos que viviam nesse poço imaginário – que, mais do que uma fantasia, porque guardava relação com a realidade, parece ter sido um enorme fantasma que assustava Florestan, que quase fora puxado de volta para o buraco pela mãe. Mais tarde, ao estudar o negro em São Paulo, Florestan concluirá que esse movimento de "segurar" os pares dentro do poço seria "uma forma extrema de amor", pois os que saíam "se separavam, eram perdidos"[14]. Essa transposição pelo próprio esforço da vida lumpemproletária para as condições e, especialmente, as preocupações de uma nova classe média educada, desbravando novos caminhos, alimentou em Florestan uma valorização

---

[13] A biblioteca da Universidade Federal de São Carlos mantém um documento que mostra bem a "vida dupla" de Florestan: num receituário da médica doutora Maria de Lourdes Moraes (provavelmente uma de suas clientes fora da universidade), especializada em "moléstias de senhoras e crianças" e que mantinha um consultório na rua Anhangabaú, 797, ele escreveu um extenso rascunho de um texto sobre o folclore, que ocupou todo o bloco.

[14] *A sociologia no Brasil*, p. 150.

extrema do tempo que possuía e uma atenção muito além da média para o que ocorria nos espaços em que penetrava[15].

Intimidado pelo ambiente universitário, Florestan, inicialmente, não se destaca nas discussões em sala. De caráter "agreste, nascido da insegurança e da inexperiência"[16], defende-se da posição de "intruso" entre os colegas e da falta de conhecimento do francês e do italiano, outra língua bastante comum entre os professores, diluindo-se entre os estudantes (muitas aulas reuniam alunos de diversos cursos) e dedicando-se preferencialmente aos trabalhos de aproveitamento de estudos[17]. Ainda em 1941, Florestan Fernandes produziria dois desses trabalhos de forma tão aplicada que, praticamente, se não lhe abriu de todo, pelo menos lhe apresentou algumas portas da carreira de professor universitário.

Um deles foi justamente o estudo do folclore paulistano, que impressionou Roger Bastide e resultou em inúmeros artigos e estudos. O francês, assim, tomou conhecimento das potencialidades de Florestan, da sua insistência em discutir mais profundamente os trabalhos e, também, das dificuldades econômicas por que passava o aluno. Resolveu então apresentá-lo ao diretor da Biblioteca Municipal, Sérgio Milliet. Milliet, segundo Florestan, tomou a decisão de não lhe oferecer emprego, com um argumento que o estudante considerou sensato: se ele ingressasse na Biblioteca, não lhe sobraria tempo para seguir nenhuma carreira que seu talento viesse a abrir. Como alternativa, disse que as máquinas impressoras do jornal *O Estado de*

---

[15] Antonio Candido, comentando um momento um pouco mais à frente da vida de ambos, diz que "uma das birras" de Florestan era ver alguém desperdiçando tempo e que o colega dedicava quatro horas de todas as manhãs ao estudo, seguindo uma recomendação de Emílio Willems, para garantir um mínimo de avanço nas leituras. O que conseguisse estudar depois viria "por acréscimo" (*Florestan Fernandes*, p. 48).
[16] *A sociologia no Brasil*, p. 159.
[17] Ibidem, p. 160.

S. Paulo, com o qual colaborava, estariam prontas para receber artigos remunerados de Florestan.

Para além da preocupação com o bolso do estudante, Bastide procurou o sociólogo Emílio Willems, diretor da revista *Sociologia*, editada pela Escola de Sociologia e Política, para que publicasse o trabalho. Willems, que tinha origem alemã e estudara no país europeu, além de ter realizado pesquisas no sul do Brasil, leu o texto e disse que não poderia publicar algo tão extenso. Além de fazer algumas sugestões para que Florestan escrevesse artigos menores, ele teria feito uma crítica "severa" à coleta de dados. A experiência foi marcante para o aluno: "Pela primeira vez vi qual era a diferença entre o 'profissional' e o 'amador', o 'aprendiz' e o 'mestre'"[18]. O episódio não só alargou os horizontes do próprio Florestan como também levou Willems a tratar do trabalho e das qualidades do aluno como pesquisador com Fernando de Azevedo, que respondia pela cátedra de Sociologia II e iria também se prontificar a ajudá-lo ainda em 1942, segundo ano da faculdade, quando saem os primeiros artigos de Florestan em *Sociologia.*

Nessa época, Florestan morava na casa de dona Ivana Pirman de Castro – enteada de dona Hermínia Bresser de Lima, a mesma que disputava quais sapatos resistiriam mais no trajeto da casa da madrinha de "Vicente" até a primeira escola que o menino freqüentou – e de seu marido, José de Castro. Certo dia, dona Ivana deu um recado a Florestan: "O doutor Fernando de Azevedo quer falar com você". Florestan primeiro duvidou, depois teria ficado intimidado, não sabendo se ligava ou não. Quando, por fim, tomou a decisão, ouviu do professor: "Tomei a liberdade de telefonar para sua casa porque soube, através de colegas, de pessoas, professores da faculdade, que você tem sido um aluno especial". No mesmo telefonema, Azevedo coloca à disposição de Florestan sua biblioteca, a possibilidade de orientá-lo e o dinheiro que precisasse "para resolver qualquer problema". Florestan não teria

---

[18] *A condição de sociólogo*, p. 10-1, e *A sociologia no* Brasil, p. 162-3.

recorrido a todos os favores oferecidos por Azevedo, embora tivesse passado em seu escritório na Companhia Editora Nacional, na rua dos Gusmões. No final da vida, em 1994, justificou assim a atitude: "Como eu estudava folclore e tivera uma experiência humana iniciada aos seis anos, aprendi que não se devia aceitar favores a não ser em casos extremos, pois eles beneficiam mais quando não se abusa deles". O fato é que Azevedo seria o primeiro a atiçar a vaidade e a ambição de Florestan, perguntando, um dia, se Florestan "gostaria de pertencer à Faculdade de Filosofia"[19].

O segundo trabalho de destaque, que quase daria outro sentido à trajetória de Florestan, foi o que realizou para o professor de economia Paul Hugon. Florestan parece ter tido uma simpatia especial por Hugon, que, ao contrário de outros professores, gostava de usar manuais em suas aulas e não apresentar aos "pobres coitados" diretamente os "textos fundamentais", aceitando o fato de que os brasileiros não tinham, no ensino médio, a mesma formação que os estudantes franceses, alemães e italianos[20]. "Só o professor Hugon, que eu me lembre, ficava no 'petit a, petit b', resistindo às brincadeiras dos colegas."[21] Florestan fez um levantamento intitulado "A evolução do comércio exterior no Brasil da Independência a 1940", que Hugon considerou um excelente ponto de partida para uma tese de doutorado. O professor também conseguiu um posto para que Florestan trabalhasse com o economista Roberto Simonsen, mas tal proposta foi recusada:

> Parecia-me que, se aceitasse aquele emprego, iria converter-me no que eu pensava ser, na minha ingenuidade, um "camelô intelectual", alguém que não usa a própria inteligência para si, porém a vende para os outros.[22]

---

[19] *A contestação necessária*, p. 186-7.
[20] Florestan e Antonio Candido seriam os responsáveis pela introdução de manuais no curso de sociologia.
[21] *A sociologia no Brasil*, p. 154.
[22] Ibidem, p. 160.

Hugon o convidaria, no final do bacharelado, para ser seu assistente. Florestan também receberia um convite semelhante do professor de estatística, Eduardo de Alcântara Oliveira, mas também o recusaria, seduzido que estava pela possibilidade de ser assistente de Fernando de Azevedo, mesmo que esse não fosse o caminho mais promissor quando o assunto era remuneração.

Tamanha "oferta" de postos de assistente reflete a atenção que Florestan despertou nos mestres da universidade, mas também evidenciam alguns movimentos importantes na USP nos cinco primeiros anos da década de 1940. Um deles parece ser a consolidação da instituição, que já acumulara algumas turmas formadas e tornara-se uma peça-chave na vida social paulistana, fomentando um entusiasmo "civilizatório" que contagiou seus alunos. José Aderaldo Castelo, diretor do Grêmio Estudantil e colega de Florestan, realizou no fim do bacharelado de ambos o concurso de monografias que premiaria "As 'trocinhas' do Bom Retiro" (o responsável pela avaliação foi Roger Bastide, a essa altura já um declarado admirador da pesquisa). Castelo também organizaria uma excursão ao Paraguai, levando a Assunção um grupo de estudantes para apresentar trabalhos que representassem várias áreas da Faculdade de Filosofia[23], mas não conseguiria fazer parte da viagem, devido à convocação para a Força Expedicionária Brasileira (acabou não sendo enviado à Europa justamente devido a um "imbróglio" provocado pela missão cultural).

Aderaldo Castelo diz não se lembrar bem do motivo da escolha do país vizinho. "Acho que foi porque era mais perto"[24]. Essa "explicação", mais do que qualquer outra coisa, sugere o momento de entusiasmo intelectual de sua geração. Se Antonio

---

[23] Florestan recebeu da empresa Folha da Manhã uma declaração de que ele seria enviado como correspondente ao país vizinho.

[24] Em entrevista ao autor.

Candido foi um dos primeiros, em 1941, a formar-se e tornar-se assistente na própria universidade, o início dos anos 1940 conheceu um grande número de estudantes que viraram, rapidamente, professores que marcariam a história da Faculdade de Filosofia, Ciências e Letras. Aderaldo Castelo tornou-se assistente de literatura brasileira; Florestan, de sociologia; Aziz Ab'Saber enveredaria pela geografia, e César Lattes, falecido em 2005, seria o maior nome da física brasileira, dizendo não para convites quase irrecusáveis de centros de pesquisa no exterior em nome de uma espécie de "missão", a de estabelecer a ciência no Brasil, para citar apenas alguns exemplos. Além disso, os professores estrangeiros já haviam começado a deixar o país, e o movimento intensificou-se a partir de 1942, com a entrada do Brasil na Segunda Guerra, obrigando os italianos e os alemães a regressar à Europa ou a optar pela naturalização.

A necessidade de encontrar os melhores talentos entre os alunos brasileiros, questão de sobrevivência da própria universidade, para substituir os mestres estrangeiros foi um dos motivos que mexeram com os ânimos de muitos desses jovens estudantes. Ainda como aluno, no segundo ano, Florestan participa de uma pequena "conspiração" contra os professores assistentes, que os estudantes julgavam fracos para a função. Os alunos dividiam-se e cada membro do grupo era encarregado de municiar o fogo cruzado contra o professor nos debates infindáveis, o que exigia uma enorme preparação. Florestan diz ter cumprido seu papel "à risca", o que teria facilitado a aceitação no grupo a ponto de, no final de 1942, estar se comportando como um "igual entre os iguais". "O episódio serviu, pelo menos, para mostrar que, se eu era *gauche*, também era um companheiro em quem podiam confiar e com o qual poderiam contar."[25]

Além disso, os alunos da Universidade de São Paulo teriam tido "a sorte de ter sua formação durante uma grande mudança

---

[25] *A sociologia no Brasil*, p. 159.

na mentalidade brasileira", de acordo com Aderaldo Castelo. Outros depoimentos poderiam corroborar essa avaliação, inclusive do próprio Florestan, que coloca a criação da USP como algo muito mais importante do ponto de vista cultural do que a Semana de Arte de 1922 (Antonio Candido faria ressalvas a essa comparação)[26]. O grupo Clima, com as figuras marcantes de Ruy Coelho e Candido, a volta de Paulo Emílio Salles Gomes do exílio e outros movimentos também indicam uma efervescência cultural e social que representou um divisor de águas na educação brasileira e uma especificidade do movimento que ocorria em São Paulo, quando comparado com o Rio de Janeiro[27]. Depois da década de 1940, a Universidade de São Paulo teria classes maiores e uma importância cada vez mais sensível, e seus estudantes "comuns" também teriam um papel significativo ao formar um pequeno exército de professores do ensino médio com especialização em suas áreas. Dessa forma, eles deixavam os médicos, engenheiros e advogados, antes os mestres preferenciais, mas adaptados, sem nenhum preparo didático especial e sem formação específica, livres para exercer as profissões para as quais haviam sido formados.

Em meio a essa euforia cultural, a imprensa paulista soube aproveitar-se da onda de novas idéias para encher suas páginas com artigos de fundo e rodapés literários que fariam história. Antonio Candido, na época, publicava seus textos na *Folha da Manhã* (Sérgio Buarque de Holanda já escrevia sobre literatura no *Estado de S. Paulo*). Florestan esperava com "sofreguidão"[28] artigos de Candido, que fora seu colega (freqüentaram juntos as aulas de filosofia, quando Florestan estava no primeiro e Candido no último ano) e era assistente de Fernando de Azevedo. Florestan,

---

[26] *A condição de sociólogo* e o prefácio de Antonio Candido para o livro.
[27] *História das ciências sociais no Brasil,* v. 1, especialmente o capítulo "Condicionantes do desenvolvimento das ciências sociais", p. 72-110.
[28] *A contestação necessária,* p. 96.

então, escreveu uma carta a Antonio Candido, comentando um de seus textos. "Lembro que fiquei impressionado com duas coisas: o nome e a letra. Se estivéssemos numa aula de literatura, eu faria uma análise do nome Florestan Fernandes, visando a mostrar que ele parecia predestinado a assinar obras de relevo", disse Candido, em 1986, numa jornada em homenagem ao sociólogo na Universidade Estadual Paulista em Marília. "Indicaria o mesmo número de sílabas no prenome e no sobrenome, a aliteração que os une através dos *efes* iniciais, as tônicas caindo em sílabas iguais – *an-an* –, o sibilo dos *esses*, etc."[29]

Após uma breve correspondência, sem grande entusiasmo da parte de Antonio Candido, os dois cruzaram-se nos corredores da faculdade. Segundo Candido, embora eles não tivessem sido apresentados, o reconhecimento foi rápido. Florestan carregava uma enorme pasta e lia um livro sobre a vida de Buda. Candido, que já ouvira comentários dos professores sobre o aluno, tornar-se-ia um amigo de Florestan para a vida toda. Juntos, cruzariam várias vezes as ruas do centro em caminhadas nas quais tratariam de projetos e problemas da faculdade, mas também de questões particulares.

Em 1945, Candido tornou-se o colega mais próximo de Florestan no trabalho de ensinar sociologia aos alunos da Universidade de São Paulo. Convidado por Fernando de Azevedo para ocupar o lugar de segundo assistente da cadeira de Sociologia II, Florestan coloca quase tudo a perder ao "argumentar contra as inconveniências de um jovem, que mal terminara o curso, ser convidado para um lugar de tamanha responsabilidade"[30]. Azevedo, segundo a lembrança de Florestan, titubeou com os argumentos do estudante, mas foi Candido quem conseguiu salvar a situação, ao intervir, ironicamente: "Olha, doutor Fernando, nós todos sabemos muito bem que o Florestan é burro,

---

[29] *Florestan Fernandes*, p. 27.
[30] *A condição de sociólogo*, p. 164.

que não sabe nada, que incompetente não pode ser assistente"[31]. Sylvia Gemignani Garcia vê na cena uma "figuração emblemática da experiência social de Florestan Fernandes": nela, Azevedo "representa a proteção dos superiores, o vínculo tradicional característico do dominador com o subalterno", enquanto a reação de Florestan, "no mesmo movimento que quer superar o protecionismo que se imiscui no convite, certificando-se do seu caráter impessoal, retém ainda um traço de humildade distintiva do dominado". Só que Azevedo, ao aceitar os argumentos de Florestan, teria agido segundo um padrão moderno de reconhecimento objetivo, "encarnando as complicadas combinações locais dos ideais tradicionais e modernos, a complexa mistura de liberalismo e paternalismo da infância e da juventude de Florestan"[32].

Uma relação sentimental, iniciada antes de Florestan entrar na universidade e que atravessaria toda a sua vida, também marcaria sua "saída do poço" na década de 1940: o namoro e o casamento com Myrian Rodrigues, filha de um chefe de peças de uma concessionária de automóveis. Depois de conhecer Florestan numa festa, ela com catorze anos, ele com vinte, Florestan convidou Myrian para sua formatura no curso de madureza. Era o início de um namoro cheio de cartas e visitas que chamavam a atenção dos pais de Myrian (que, garota, nem sempre entendia bem sobre o que eles conversavam). Afinal, Florestan podia falar sobre qualquer assunto, indicando uma maturidade que provavelmente aprovavam num futuro genro. "Ele escrevia muito para mim, o que ele queria construir, a vida, os filhos, a casa", contou Myrian[33].

---

[31] *A contestação necessária*, p. 189. Candido diz não se lembrar do episódio, o que sugere que ele possa ter ganho traços mais dramáticos no relato de Florestan.

[32] *Destino ímpar*, p. 101-2.

[33] Em entrevista ao autor.

Os dois se casariam em 16 de setembro de 1944, dia em que Myrian completou dezoito anos, e foram morar no bairro da Pompéia, na travessa Raul Pompéia, numa casa comprada à prestação, "pela tabela Price". Ainda antes de terminar de pagar, eles se mudariam para a casa do Brooklin, que deixariam por alguns anos na década de 1950, quando a família, já bastante numerosa, mudou-se para a alameda Jaú, nos Jardins – mas eles retornariam para a rua Nebraska ainda na mesma década.

Florestan e Myrian tiveram seis filhos, nascidos entre 1946 e 1957, todos batizados, apesar do ateísmo declarado de Florestan. Quase todos os nomes foram escolhidos por Myrian – fazia parte do "acordo" do casal. Heloísa, a primeira, recebeu o nome de uma vizinha. Noêmia, de 1947, homenageou uma prima de Myrian, assim como Beatriz, de 1949. Sílvia, de 1950, tem o nome de uma tia, enquanto o menino nascido em 1953, Florestan Jr., não chega a exigir uma explicação (embora a escolha contrariasse a vontade do pai). Florestan "deu o troco" em 1957, quando nasceu a caçula, Miriam Lúcia, sendo Miriam uma exigência do pai. Ainda no que se refere aos nomes de família, quando nasceu sua primeira neta, Florestan "invadiu" a maternidade e praticamente exigiu que a filha desse o nome de Ana, o mesmo da sua avó materna, para a menina que acabava de nascer[34].

Embora fizesse grande sucesso entre as mulheres, como conta Antonio Candido[35], Florestan construiu sua grande família fora da universidade, numa época em que não foram poucos os casais que se formavam entre os colegas de estudo[36]. Sem ig-

---

[34] Segundo Heloísa Fernandes, em entrevista ao autor.

[35] Em entrevista ao autor e em documentário sobre Florestan produzido pela TV Câmara.

[36] Sérgio Miceli não faz um levantamento exaustivo, mas elenca, em *História das ciências sociais no Brasil*, v. 1, p. 80, os seguintes casais "formados" pela USP: Antonio Candido e Gilda de Mello e Souza, Fernando Henrique e Ruth Corrêa Leite Cardoso, Dante e Miriam Lifchitz Moreira Leite, Oliveiros da Silva Ferreira e Walnice Galvão, Renato Jardim Moreira e Maria Sylvia Carvalho Franco.

norar os laços afetivos do casal Florestan-Myrian, pode-se dizer que essa escolha "facilitou" que Florestan adotasse um modelo familiar tradicional, com papéis masculinos e femininos bem definidos, o que talvez respondesse à sua sede não saciada de uma organização familiar mais estável em sua experiência de vida anterior.

Seguindo caminhos mais conservadores dentro de casa, Florestan optou por ter uma família numerosa (não fosse a recusa de Myrian, segundo ela, teriam tido mais filhos), deixando para a mulher grande parte das preocupações do dia-a-dia e da criação dos filhos – embora a mulher tomasse parte de algumas das suas atividades políticas e mesmo acadêmicas nesses primeiros anos, sendo citada nos agradecimentos pela revisão do mestrado de Florestan e como signatária do programa da Coligação Democrática Radical. Florestan era severo e inspirava um enorme temor nos filhos quando os chamava para conversar no escritório, fazendo-os, por vezes, chorar antes de chegar lá[37]. Florestan Jr. associará o escritório a uma certa ausência do pai, lembrando da época em que tinha onze anos e ia dormir "escutando o bater da máquina de escrever"[38]. Heloísa também lembra uma frase de Chico Buarque sobre Sérgio Buarque de Holanda: Chico dizia que os filhos eram "aquelas pessoas que estavam fazendo barulho", o que também valeria perfeitamente para o comportamento de Florestan. Por outro lado, o pai revela seu lado amoroso recitando para os filhos as trovas e poesias folclóricas recolhidas em suas pesquisas na cidade de São Paulo.

Heloísa, no memorial apresentado em 1992 para a obtenção do título de livre-docente em Ciências Sociais pela Universidade de São Paulo, lembra-se de ter vivido em casa dois projetos díspares, "em oposição muda ou escancarada, sem que fosse possível

---

[37] Segundo Heloísa e Beatriz, em entrevista ao autor.
[38] Entrevista à *Revista da Adusp*, nº 4, p. 23.

ter muita certeza sobre quem defendia um e quem defendia o outro": O projeto dominante afirmava que "a identidade feminina está melhor realizada, porque bem resguardada, na casa, que só é bem feita quando está em oposição à rua"[39]. Também para ela, a batalha de Florestan para mudar de classe social "teve um custo muito alto" para a família.

> Principalmente eu e minha irmã Noêmia, a segunda filha, sofremos mais porque ele queria que nós tivéssemos uma família e sabia que era o chefe dessa família, mas não teve uma experiência de família como aquela que estávamos tendo. Ele cobrava de nós segundo uma expectativa idealizada, que chegava às raias de se preocupar com o que os vizinhos iriam pensar de um determinado fato ou acontecimento. [...] Nós fomos a família que ele teve de "inventar."[40]

Nessa "invenção", Florestan tinha alguns papéis cotidianos. Ele, por exemplo, levantava-se cedo e preparava o café da manhã de todos. Depois de brincar um pouco com as crianças, passava a dedicar o resto do dia aos estudos. Também estava encarregado de levá-las à escola, mas não no horário correto de entrada. Temendo chegar atrasado na universidade, deixava as crianças, que estudavam à tarde, na frente do colégio antes mesmo da saída dos que estudavam pela manhã – numa das vezes, irritou-se tanto com as crianças brigando que as deixou no carro e ligou para que Myrian fosse buscá-las; as crianças, obedientes, ali permaneceram até a chegada da mãe.

O colégio, aliás, era o mais tradicional possível. Florestan esforçou-se o quanto pôde para que todos os filhos estudassem no Dante Alighieri, freqüentado pelos mais abastados filhos da colônia italiana[41]. Esta opção exigiu grande esforços econômicos da família, que muitas vezes tinha de realizar empréstimos

---

[39] Memorial de Heloísa Fernandes, p. 5.
[40] Entrevista à *Revista da Adusp*, nº 4, p. 23.
[41] Só Florestan Fernandes Jr. faria parte de seus estudos em outra escola.

para fechar as contas do mês. Florestan recorreu, por exemplo, ao auxílio de colegas de faculdade, como Gioconda Mussolini, professora de antropologia, e de parentes. Mais tarde, questionado por Heloísa sobre as razões de não haver colocado os filhos numa escola pública e, portanto, gratuita, Florestan justificou-se dizendo que, estando em condições econômicas de pagar pelo estudo dos filhos, ele não se permitiria tirar vagas que deveriam estar reservadas às famílias pobres. Um raciocínio que traz consigo inúmeras contradições[42]: a primeira delas é que suas condições econômicas, embora comparativamente melhores que as de sua mãe, dona Maria, não eram tão boas assim. Outra, é que essa atitude choca-se com a valorização do ensino laico e universal, que Florestan tanto defendeu e que pressupõe a convivência de todos, independentemente da classe social, no mesmo espaço. Mais coerente, parece-me, é identificar nessa escolha dois movimentos: um, não necessariamente consciente, de reforçar sua nova condição social alcançada; o outro, de criar, talvez motivado por um temor exagerado, um ambiente que lhe parecesse absolutamente seguro para evitar que os filhos retornassem ao lugar de onde ele veio – lugar que, embora não renegasse, estava muito distante de idealizar.

Um dos colegas mais próximos de Florestan Fernandes no curso de madureza, Jussieu da Costa Batista, no início dos anos 1940, trabalhava como jornalista na *Folha da Manhã*. A relação entre ambos manteve-se depois do fim do curso, e Florestan fazia visitas ao amigo na redação do periódico. Lá, por intermédio de Jussieu, conheceu Hermínio Sacchetta, que

---

[42] Numa fria madrugada de inverno, Florestan Fernandes Jr., avisado pela mãe, encontra o pai numa fila de internação do Hospital do Servidor Público, apesar de ter condições econômicas de buscar um atendimento mais rápido num hospital particular. Florestan argumentou que era um servidor público e que, como tal, obedecia às normas do hospital em que deveria ser tratado.

era secretário de redação do jornal e que, algo mais natural na época do que hoje, circulava entre seus comandados para discutir os problemas e as pautas em execução[43].

Sacchetta construiu uma admirável trajetória de vida ligada à esquerda revolucionária, que foi muito bem sintetizada num dos capítulos de *Combate nas trevas*, de Jacob Gorender. Membro do Comitê Central do PCB, em 1937, foi acusado, junto com outros integrantes da direção paulista do partido, de ser trotskista. Foi o único, no entanto, a reconhecer a acusação, passando a organizar um braço do movimento no Brasil, justamente o Partido Socialista Revolucionário. Em 1952, com a dissolução do grupo, manteve suas convicções socialistas e, em 1958, fundou a Liga Socialista Independente (LSI). Nos anos 1960, formaria o Movimento Comunista Internacionalista (MCI), que publicou, entre 1967 e 1969, o jornal clandestino *Bandeira Vermelha*[44].

---

[43] Grande parte das informações sobre a relação de Florestan e Sacchetta provém do texto dedicado ao jornalista publicado em *A contestação necessária*, p. 156-63.

[44] Cf. *Combate nas trevas*, de Jacob Gorender, p. 176-80. Em 1968, procurado por Joaquim Câmara Ferreira, Sacchetta passou a colaborar com a Aliança Libertadora Nacional, apesar de o programa do movimento ser radicalmente diverso do exposto em *Bandeira Vermelha*. Além de facilitar a movimentação de armas e munições usadas pela Vanguarda Popular Revolucionária (VPR), que pedira auxílio para a ALN, Sacchetta publicou, numa segunda edição do *Diário da Noite*, do qual era diretor de redação, o texto integral do manifesto da ALN que fora transmitido pela Rádio Nacional de Piraporinha, em Diadema, pertencente à Rádio Globo e tomada pelo grupo. Sacchetta justificou a publicação dizendo que ela fora captada pela radioescuta – na verdade, ele já havia recebido o texto de Marighella. A infração à censura levou Sacchetta à detenção e à perda do emprego (ele voltaria ao jornalismo apenas em 1975, trabalhando na editoria de Exterior da *Folha de S.Paulo*), o que, diante do que ocorreu com membros efetivos da ALN, foi uma punição bastante branda. Sacchetta também foi "vítima" do escritor Jorge Amado. Em *Os subterrâneos da liberdade*, é possível reconhecer personagens reais e um deles chama-se Saquila, retratado por Jorge Amado como um "lacaio

No começo da década de 1940, época que mais nos interessa neste momento, Sacchetta, segundo Florestan, tinha grande simpatia pelos jovens da Faculdade de Filosofia, Ciências e Letras e abriu o seu encantador sorriso quando soube que o jovem que lhe estava sendo apresentado estudava Ciências Sociais e estava no fim do bacharelado. A partir dali, Florestan passou a ir com regularidade crescente à sala do jornalista na *Folha* e a tomar um cafezinho fora do prédio do jornal, esticando por mais tempo as conversas. A amizade entre os dois jamais seria desfeita.

Em meados de 1943, Florestan comentou que publicaria seu primeiro artigo em jornal, no *Estado*. Sacchetta teria, então, "estrilado": "Pombas, nós nos encontramos quase todos os dias e você vai dar a sua colaboração no *Estadão!*". Florestan respondeu que não fora convidado para escrever na *Folha*, mas que estava às ordens de Sacchetta. No dia 1º de julho, então, Florestan estreou nos dois periódicos paulistanos: no *Estado*, saía a primeira parte de "O negro na tradição oral"; na *Folha*, um artigo intitulado "Livros que valem".

Além de abrir espaço para mais um jornal da cidade aos artigos de Florestan, a amizade com Sacchetta levou o jovem estudante ao seu primeiro espaço de militância política. "Sacchetta abriu-me outra via de combate, mais secreta e com propósitos revolucionários" e, aos poucos, Florestan tornou-se um dos militantes do PSR. "O socialismo vago, reformista e utópico iria ceder lugar a uma militância política disciplinada, misturada com o contato com os trabalhadores e intelectuais trotskistas e com a agitação artesanal contra a ditadura" – o que significava a impressão mimeográfica, nas madrugadas, de um jornal subversivo.

A experiência política mais ousada do grupo ocorreu após o fim da ditadura Vargas, quando o PSR tentou organizar a Coligação

---

da burguesia", "bandido", "traidor", "delator", "cretino", "canalha". Para Gorender, Jorge Amado "teria várias maneiras para reabilitar, não a Sacchetta, que não precisava ser reabilitado, mas a si próprio, com a admissão pública da injustiça cometida contra um homem de carne e osso. Nunca deu esse passo".

Democrática Radical (CDR), com outras organizações de esquerda. Em 1945, a coligação apresentou um programa para as eleições de 1946 com uma extensa lista de reivindicações, como liberdade sindical e direito de greve, igualdade política para as mulheres, liberdade de culto, ensino leigo, uma câmara única de representantes (extinção do Senado) e o fim dos tratados secretos entre os países, numa crítica aberta ao stalinismo. No campo econômico, a CDR defendeu a estatização dos bancos, a abolição de impostos indiretos e a proteção ao pequeno e médio produtor. No campo social, a CDR pediu o expurgo da inspiração fascista da legislação trabalhista, a extensão dessa legislação para o mundo rural e o seguro desemprego. No campo da educação, o programa é longo e inclui o ensino primário obrigatório e gratuito até os catorze anos, a vinculação de um quarto do orçamento das esferas públicas para a educação e a gratuidade, "nos graus mais altos do ensino", para os filhos de pais que não pagavam imposto de renda, ou seja, os mais pobres. Um ponto, no entanto, parece ter nascido especialmente das experiências de Florestan e de parceiros como ele: a admissão de autodidatas na universidade[45].

O manifesto da CDR é assinado inicialmente por uma centena de personalidades, mas a coligação fracassa, apesar dos esforços de seus militantes, entre eles Florestan, que segue militando no grupo. Pouco antes, ainda em 1944, o PSR cria a editora Flama, que inicia a publicação de clássicos da literatura marxista. Ao jovem estudante da Universidade de São Paulo, Sacchetta designou a tarefa de traduzir, a partir de versões em espanhol, francês e inglês, a *Contribuição à crítica da economia política*, de Karl Marx. O livro seria publicado em 1946, e pode ser considerado a tarefa de maior envergadura da militância trotskista de Florestan. "O grupúsculo funcionava como uma microuniversidade e impelia-me a descobrir por minha conta o jovem Marx e a desvendar a sedução do seu pensamento científico", conta Florestan.

---

[45] O programa está publicado em *Florestan ou o sentido das coisas*.

O Partido Socialista Revolucionário não ficou suficientemente satisfeito com o engajamento moderado de Florestan, que, nessa época, dedicava o maior de seus esforços aos estudos – e que tinha, ainda, de trabalhar para sustentar a casa. Esse teria sido o principal motivo do seu afastamento, depois de o grupo concluir que ele seria mais útil à política radical na universidade do que no pequeno partido. O "passe livre" de Florestan foi comunicado por Sacchetta, seu principal "advogado" no PSR, no qual militou efetivamente "por uns quatro anos mais ou menos"[46]. O episódio foi marcante na trajetória intelectual de Florestan, pois teria revelado que o sociólogo, "que brotava e crescia" dentro do estudante, "devia identificar-se com os ideais socialistas de reforma e de revolução sociais".

> Ele não só me ajudou a vencer o intelectualismo abstrato inerente à minha recente formação universitária, pondo-me na circulação política através de ações concretas de oposição à ordem existente. Também me ajudou a localizar-me dentro do "debate sociológico", em um sentido novo.

A experiência no PSR e a tradução do "jovem Marx" permitiram que Florestan situasse "a contribuição de Marx no próprio fluxo da teoria sociológica", sua riqueza e a modernidade de seu pensamento[47].

Florestan teve a mais completa formação em ciências sociais que se poderia obter em São Paulo nos anos 1940[48]. Isso porque, insatisfeito com parte da formação do curso da Faculdade de

---

[46] *A sociologia no Brasil*, p. 172. No fim da vida, Florestan dirá que militou por dez anos no grupo, ou seja, até a sua dissolução, o que provavelmente reflete a manutenção de uma proximidade política, mais do que uma ação efetiva.
[47] *A sociologia no Brasil*, p. 172-3.
[48] Assim considera Antonio Candido.

Filosofia, Ciências e Letras, decidiu fazer sua pós-graduação na Escola Livre de Sociologia e Política. Assim, se levarmos adiante a idéia de que o PSR funcionava como uma microuniversidade marxista, Florestan freqüentou três escolas no anos 1940 – a USP, a ELSP e o partido revolucionário, obtendo, dessa forma, uma visão muito mais ampla das teorias e práticas que concorriam na busca de uma explicação para os fenômenos sociais.

A ELSP tinha, manifestamente, objetivos bastante diversos. Em 1934, quando viu a concorrência absorver grande parte de seus possíveis alunos e ameaçar seus financiamentos privados, a ELSP enviou um documento aos deputados estaduais afirmando suas diferenças em relação ao curso de Ciências Sociais e Políticas da USP:

> A nova Faculdade de Filosofia, Ciências e Letras tem por fim formar uma elite de professores secundários e elevar o nível da cultura geral no nosso meio. A sua finalidade política, dentro da forma de governo por nós adotada, é de concorrer para aumentar a competência do eleitorado.
>
> [...]
>
> Enquanto isso, a Escola Livre de Sociologia e Política tem a finalidade de formar funcionários técnicos, que, seguindo a carreira administrativa, tanto pública quanto particular, concorram para aumentar a concorrência das nossas administrações.[49]

Havia, ainda, outra diferença, bastante acentuada: enquanto na USP a influência francesa era marcante, havendo uma suposta maior predisposição para as teorias, na ELSP a ascendência de professores norte-americanos favorecia uma formação especial na pesquisa empírica, prática, com finalidade intervencionista. Em carta à pesquisadora Barbara Freitag, Florestan resume a influência dos mestres estrangeiros que ensinavam em São Paulo:

---

[49] Cf. Fernando Limongi, "A Escola de Sociologia e Política de São Paulo", em *História das ciências sociais no Brasil,* v. 1, p. 227-33.

A respeito das influências intelectuais, é preciso não esquecer que em São Paulo houve uma tríplice influência nas ciências sociais (pelos professores que lecionaram aqui): Roger Bastide, Levi-Strauss, Arbousse Bastide, Monbeig, Braudel, Gurvitch, Hugon, Maugué, e tantos outros, acentuaram a influência francesa na sociologia, na política, na economia e na filosofia (sem contar outros campos da ciência); Herbert Baldus e Emílio Willems representavam a influência alemã na etnologia e na sociologia; Davies Lowrie e Pierson, com outros professores, representavam a influência norte-americana.

Após citar outras influências menos significativas para ele, Florestan afirma que reagiu seletivamente a elas. Graças aos professores franceses e sua orientação eclética e muito "acadêmica", Florestan teria se imposto "o dever de conhecer tão profundamente quanto possível as diferentes tendências da sociologia, dos precursores aos modernos e atuais...". Graças aos norte-americanos, Florestan diz ter aprendido "as técnicas de investigação empírica mais exploradas nos Estados Unidos". E graças aos alemães e franceses e, também, por inspiração própria e por conta das leituras que fizera no campo da filosofia da ciência, valorizou "a ligação entre teoria e pesquisa empírica sistemática". "Por fim, graças à ligação com o marxismo, me interessei deveras pela sistematização teórica da sociologia aplicada, concebendo-a como campo especial da sociologia."[50]

Florestan reconhece que, nesse momento, diante dos modelos que conhecera como estudante, estava profundamente inseguro sobre o que havia efetivamente aprendido na USP e sobre seus reais potenciais. "Disfarçando o estado de pânico", ele teria tomado "duas soluções protelatórias", que o ajudaram a transferir decisões penosas para mais tarde. Uma delas foi plantar-se em bibliotecas o maior tempo possível, procurando estudar os clássicos mais profundamente e informar-se de modo mais preciso sobre as novas correntes sociológicas. A segunda foi a de fazer o curso

---

[50] Barbara Freytag, "Florestan Fernandes por ele mesmo", em *Estudos Avançados*, nº 26, p. 137.

de "post-graduação", como se escrevia na época, na Escola Livre de Sociologia e Política, em busca da referida formação norte-americana que, supostamente, prevalecia naquela escola.

A opção de Florestan encontrou resistências dentro da Escola Livre de Sociologia e Política. Segundo ele, o motivo foi uma certa notoriedade intelectual que já alcançara, com a publicação de textos em *Sociologia* e nos jornais paulistanos. Em 1944, ele não consegue se matricular, apesar da tentativa de buscar o apoio do influente professor Donald Pierson. "Só em 1945, graças a técnicas mais diretas de auto-afirmação, consegui penetrar naquele santuário, já conspurcado, anteriormente, por outros 'antigos alunos' da Faculdade de Filosofia."[51]

A expectativa em relação à nova escola não se realiza totalmente. Nem havia tanto descuido com as questões práticas da pesquisa na Faculdade de Filosofia, Ciências e Letras, nem a Escola Livre de Sociologia e Política estava tão próxima da pesquisa empírica, embora não fosse esse seu único problema, na opinião de Florestan.

> Comparando as duas escolas e os seus professores, logo descobri que havia nela erros simétricos. Na Faculdade de Filosofia negligenciava-se a formação básica, enquanto que na Escola Livre esta constituía uma etapa bem definida, subordinando-se, porém, a alvos demasiado estreitos e simplistas.[52]

Independentemente das opiniões que explicitaria mais tarde sobre a ELSP e sobre a FFCL, o fato é que nos seminários de etnologia brasileira dirigidos por Herbert Baldus começou a gestar-se na escola a primeira grande pesquisa de Florestan, que resultou na tese e, posteriormente, no livro *A organização social dos Tupinambá*. A escolha, conforme narrou Florestan, teria sido "racional", no sentido da obtenção de um resultado que pudesse projetá-lo como um "sociólogo competente".

---

[51] *A sociologia no Brasil*, p. 168.
[52] Ibidem, p. 169-70.

Precisei pensar sobre um tema que permitisse evidenciar minhas qualidades como sociólogo e, ao mesmo tempo, acumular prestígio para mais tarde poder participar dos vários tipos de trabalho que iria enfrentar (em conflito com uma sociedade nacional que é muito mais provinciana que a cidade de São Paulo).

[...]

A escolha dos tupis, como objeto de investigação, foi fruto de uma longa e racional meditação. Na década de 1940, aquele era o tipo de trabalho que vários círculos intelectuais no Brasil podiam identificar como um "trabalho relevante".[53]

Sob influência de Baldus, uma série de estudos calcados na análise funcionalista foi produzida na ELSP. Na introdução do livro de Florestan, Baldus cita outras pesquisas que saíram das discussões que orientou, entre elas *A organização social dos Vapidiana do Território do Rio Branco*, de Lucila Herrmann, e *Os meios de defesa contra a moléstia e a morte de duas tribos brasileiras: Kaingang de Duque de Caxias e Bororo Oriental*, de Gioconda Mussolini. Nesse mesmo texto, Baldus afirma que, nos anos em que trabalharam na escola,

Florestan Fernandes foi a alma daquele seminário, mostrando-se capaz de discutir com rara penetração qualquer assunto apresentado, e revelando-se um dos mais esperançosos cientistas sociais brasileiros da nova geração.[54]

Segundo Fernando Limongi, as dissertações de Lucila, Gioconda e Florestan resultaram de análises de fontes secundárias, indicando que, nesse período, a pesquisa etnológica de campo ainda não se desenvolvera em São Paulo[55].

Mas, além dessa dificuldade, Florestan enfrentou outra. Suas fontes não eram apenas secundárias, eram também pouco confiáveis do ponto de vista científico. Haviam sido redigidas por

---
[53] *A condição de sociólogo*, p. 78.
[54] *A organização social dos Tupinambá*, p. 13.
[55] *História das ciências sociais no Brasil*, p. 229.

viajantes, religiosos e aventureiros que relataram aquilo que, mediado pela experiência de vida européia, conseguiam entender no Novo Mundo. No entanto, recorrendo a esses relatos de cronistas e, também, aos estudos sobre a cultura material tupi do francês Alfred Métraux, Florestan cruzou informações para conferir sua verossimilhança e reconstruir as principais peças da organização social tupinambá, desde a distribuição espacial no território nos séculos XVI e XVII até a organização dos grupos locais, passando pelo sistema de parentesco, categorias de idade e funcionamento do conselho dos chefes, ou seja, satisfazendo a uma enorme lista de preocupações antropológicas. Num outro trabalho, tratando dos seus métodos de análise ao estudar a guerra tupinambá, Florestan explica que "o critério de coerência etnológica das informações e a casuística sociológica trouxeram uma contribuição que não se poderia esperar das técnicas manejadas pelos historiadores"[56]. Quando julga que elas são incompletas ou parciais, prefere, como diz, pecar por omissão do "que por excesso de generalizações incomprováveis"[57]. Ainda assim, esse "marco zero do processo histórico de desenvolvimento brasileiro" só chega às "conclusões" na sua edição em livro à página 295, depois de um minucioso trabalho descritivo e interpretativo.

Antonio Candido, que viu o trabalho "nascer e crescer" nas fichas grandes cobertas de tinta roxa e considera-o um "clássico da antropologia moderna", conta que Ruy Coelho, na virada dos anos 1940 para os 1950, encontrou-se com Lévi-Strauss e Métraux em Paris. Strauss tratou, então, da sua admiração pelo livro de Florestan, dizendo ao colega francês que, ao contrário do que este dissera, "o jovem brasileiro tinha mostrado que era possível conhecer a organização social dos tupinambás". Métraux, então, com bonomia, teria dito que era incapaz dessas "altas cavalarias"[58].

---

[56] Cf. o capítulo "Um balanço crítico da contribuição etnográfica dos cronistas", em *A investigação etnológica no Brasil e outros ensaios*.
[57] *A organização social dos Tupinambá*, p. 20-1.
[58] *Florestan Fernandes*, p. 44.

Ao obter o título de mestre na Escola Livre de Sociologia e Política, em 1947, Florestan já era assistente de Fernando de Azevedo na cadeira de Sociologia II da Faculdade de Filosofia. Na verdade, foi um grande ano para Florestan, que, com a adoção do regime de dedicação integral na faculdade, já não precisaria mais da bolsa que obtivera na ELSP, durante 1946, nem das atividades complementares no comércio de fármacos. A família também crescia, com o nascimento de Noêmia, a segunda filha. Florestan, que planejara uma investigação sobre as famílias sírio-libanesas de São Paulo, acabou percebendo que não tinha condições de realizar este trabalho para o doutorado. Decidiu, então, recuperar uma parte do estudo sobre os tupinambás, dedicando, dessa vez, especial atenção ao fenômeno da guerra.

Se o funcionalismo de Durkheim e Marcel Mauss fornecia um dos pilares da *Organização social*, dessa vez Florestan mergulha ainda mais no método. Nesse que considerou o trabalho mais rigoroso em termos de contribuição teórica, sua pretensão ao estudar a sociedade indígena, como fica evidente na terceira parte do livro, era não apenas ampliar o conhecimento da guerra na sociedade tupinambá, mas, também, expandi-lo sobre a própria sociedade tupinambá e sobre a teoria sociológica da guerra, fazendo ecoar o Durkheim que estuda religiões consideradas primitivas em *As formas elementares da vida religiosa,* almejando contribuir para o entendimento da religião também nas sociedades ocidentais – vale lembrar que a guerra era uma preocupação quase imediata do tempo de Florestan, marcado pela experiência de dois conflitos mundiais num período de três décadas.

A opção funcionalista de Florestan será criticada especialmente pelos defensores dos métodos estruturalista e marxista, mas não apenas por eles[59]. Em *A condição de sociólogo,*

---

[59] *Araweté: os deuses canibais,* de Eduardo B. Viveiros de Castro, por exemplo, questiona a teoria do sacrifício restaurador, em que um cativo é morto para vingar um parente assassinado e recompor a "unidade mística".

Florestan defende-se, recorrendo a um "rótulo" que teria sido criado por Antonio Candido nos anos 1950 e que definiu o segundo grande estudo sobre os tupinambás como "estrutural-funcional":

> Hoje se condena de maneira muito preconceituosa e dogmática toda espécie de análise funcional. Todavia, eu duvido que alguém possa tratar as relações sincrônicas [*que ocorrem ao mesmo tempo*] de uma perspectiva dialética. Ou falsifica a dialética, ou falsifica as relações sincrônicas.[60]

Para ele, como seu objetivo não era explicar a transformação da sociedade, mas, sim, entender como a sociedade tupi recuperava o passado de maneira incessante, esse era o melhor método a adotar.

> A mim me impressionaram menos as críticas dogmáticas ao "meu funcionalismo" que a atitude de Alfred Métraux, um etnólogo de grande nomeada e, além do mais, especialista sobre os tupinambá. Ao ler *A função social da guerra*, ele me disse – "Olha, Florestan, todo o livro devia ser traduzido, mas nós não podemos. Vou traduzir a parte sobre o sacrifício humano, na qual você fez o que eu deveria ter feito".[61]

Assim, parte do trabalho chegou ao francês, com o título *La guerre et le sacrifice humain chez les Tupinamba*. E a idéia da reconstrução histórica de uma sociedade indígena do passado, que encontrava resistência de antropólogos como Radcliffe-Brown, também professor da Escola Livre de Sociologia e Política, foi superada. Como o próprio Métraux, Florestan ascendia definitivamente à condição de sociólogo de grande nomeada, orgulhoso do posto conquistado e, a partir daí, um defensor intransigente dessa posição.

---

[60] *A condição de sociólogo*, p. 87.
[61] Ibidem, p. 88-9.

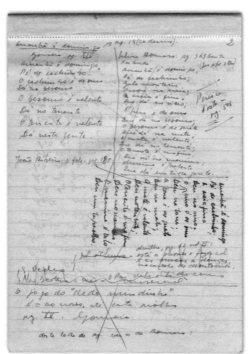

Anotações da pesquisa sobre o folclore paulistano: versões de canções e brincadeiras infantis, recolhidas na cidade que o aluno conhecia bem.

Páginas da caderneta de pesquisa de campo sobre os sírio-libaneses, que Florestan pretendia utilizar para o seu doutorado.

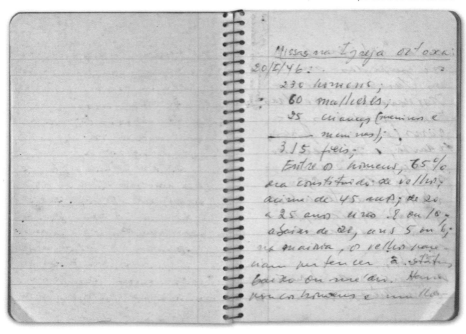

Florestan durante aula na Faculdade de Filosofia, Ciências e Letras, na rua Maria Antonia.

À memória de *Marialice Mencarini Foracchi*

e

aos colegas e amigos a quem estive ligado mais intimamente, durante vários anos, na aventura comum de vincular a investigação sociológica à transformação da sociedade brasileira:

Fernando Henrique Cardoso
Octavio Ianni
Luiz Pereira
Maria Sylvia Carvalho Franco
Leoncio Martins Rodrigues Netto
José de Souza Martins
Gabriel Cohn
José Cesar A. Gnaccarini

e

José Carlos Pereira.

Do mestre com carinho. Florestan manifesta reconhecimento aos discípulos (retribuído, como se pode ler nas demais dedicatórias desta e da página seguinte) em *A revolução burguesa no Brasil*, 1975.

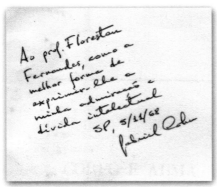

Gabriel Cohn, *Petróleo e nacionalismo*, 1968.

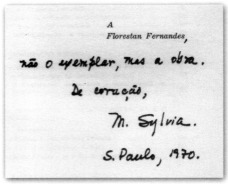

Maria Sylvia de Carvalho Franco, *Homens livres na ordem escravocrata*, 1969.

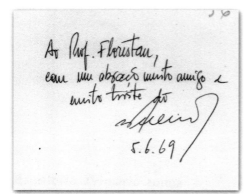

Luiz Pereira, *O magistério primário numa sociedade de classes*, 1969.

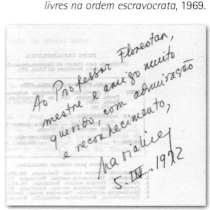

Marialice M. Foracchi, *A juventude na sociedade moderna*, 1972.

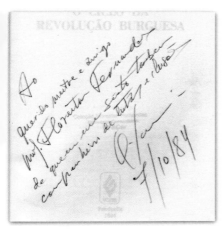

Octavio Ianni, *O ciclo da revolução burguesa*, 1984.

Almoço de confraternização, 1960: da esquerda para a direita, em sentido horário, José Francisco Quirino dos Santos (1º), Octavio da Costa Eduardo (2º), Marialice M. Foracchi (3ª), Florestan (4º), Arakcy Rodrigues (5ª), Lourdes Sola (6ª), Ruy Fausto (7º), Leôncio Martins Rodrigues (8º), Albertina Oliveira Costa (9ª), Claudio Vouga (10º) e Célia Nunes Galvão (11ª).

Uma das famosas fichas que Florestan preenchia em seus estudos e que guardou por toda a vida; abaixo, um envelope de pagamento da FFCL.

Florestan e Gilberto Freyre durante encontro em Münster, na Alemanha, em 1970.

Florestan recebe o título de doutor *honoris causa* da Universidade de Coimbra, em Portugal (1990).

Roger Bastide, em foto de 1949: com o francês, Florestan realizaria a histórica pesquisa sobre as relações raciais entre brancos e negros em São Paulo.

Aziz Ab'Saber cumprimenta Florestan em 1995, quando o sociólogo recebe o título de professor emérito da Universidade de São Paulo.

A ilha da sociologia

Campanha em defesa da escola pública, no início dos anos 1960. Florestan, que fez cerca de sessenta conferências no período, está sentado, à direita.

> O principal resultado positivo do conflito consiste em que ele permite introduzir critérios racionais de ajustamento nas áreas onde for utilizado com êxito. Portanto, a existência do conflito é acompanhada da alternativa da diminuição das situações em que ele se faz necessário.
>
> *Mudanças sociais no Brasil*

Quem lê ou ouve as descrições hoje, há de estranhá-las ou acreditar que havia algo de esquisito, quase ridículo naquele jovem e prestigiado professor nomeado Florestan Fernandes, na virada dos anos 1940 para os 1950. Imbuído da missão de transformar a sua ciência, a sociologia, numa ciência de fato respeitada pelos colegas e alunos da universidade, ele circulava pelos corredores do prédio da Faculdade de Filosofia na praça da República, onde hoje fica a Secretaria Estadual de Educação, como alguns outros professores do seu tempo, vestindo avental, carregando livros e mantendo a pose de cientista. Adotava, em seus escritos, uma linguagem cada vez mais precisa, o que, em se tratando de análises de sociedades, levava-o a pedir constantemente desculpas pelas limitações que ora a pesquisa, ora o assunto pesquisado impunha. Como brincou o sociólogo Ruy Coelho, naquela época, Florestan era, no departamento, "uma ilha de sociologia cercada de literatura por todos os lados"[1] – o próprio Ruy Coelho, assim como Antonio Candido, ganhara notoriedade sobretudo por seus estudos literários e pela atuação no grupo Clima.

---
[1] *Florestan Fernandes*, p. 13.

Com suas sobrancelhas cerradas, "a ilha Florestan" parecia estar sempre muito disposta à discussão ou, no mínimo, ao debate, o que tornava sua companhia, por vezes, quase inconveniente até para os amigos mais próximos, principalmente os brasileiros, menos afeitos à exposição pública e objetiva de divergências. Se ele não dizia "agora, nós", como o personagem Rastignac, de Balzac[2], parecia insistir no "agora, eu", para garantir aquele novo "ponto", que cobiçou e defendeu com o mesmo senso de justiça e coragem com que disputou aquele que lhe garantiu uns trocados para a família como engraxate no largo Ana Rosa.

Ainda durante a pesquisa sobre os tupinambás, em que Florestan, nas suas próprias palavras, passou de "lagarta a borboleta" como sociólogo, há um episódio curioso, que demonstra ao mesmo tempo a seriedade, a energia direcionada para seu trabalho na universidade e a consciência de que já podia enfrentar nomes consagrados de igual para igual. Com a autoridade de autor do *Manifesto antropófago* e da célebre palavra de ordem "Tupi or not Tupi, that is the question", o escritor modernista Oswald de Andrade "queria, imagine, discutir antropologia com Florestan"[3]. Numa dessas tentativas, na faculdade, Oswald interrompeu os estudos de Florestan, que, inicialmente, tentou ser cordial, mas, em determinado momento, não se conteve e, como diríamos hoje, "esculachou" Oswald, aludindo à tese *A arcádia e a inconfidência*, que o escritor apresentou, sem sucesso, quando disputou uma cadeira de literatura brasileira na USP em 1945:

> Você nunca levou a vida a sério, sempre ficou brincando com assuntos que não são divertidos. Agora, a Faculdade de Filosofia é coisa séria, não é matéria de diversão. Você não pode tratá-la levianamente

---

[2] Em *Pai Goriot*.

[3] Como conta Antonio Candido, que diz não se lembrar do entrevero, mas sim da tentativa por parte do escritor de rebater posições de Florestan sobre os tupis. Oswald afirmava, sem embasamento, que os índios eram matrilineares.

como está fazendo. Você vem aqui, faz um concurso sem ter se preparado, não tem base para ser professor de uma cadeira como essa e ainda quer atormentar os que estão trabalhando.

Diante da tentativa de Oswald de retrucar, Florestan teria posto fim à conversa: "Quer saber de uma coisa? Ponha-se daqui para fora. Eu tenho de trabalhar e já não tolero mais sua presença aqui"[4].

Florestan, como diz Antonio Candido, não tinha "respeito humano". Por respeito humano, Candido entende algo que pode receber outros nomes, como cordialidade na sua acepção mais corrente, mas que, numa linguagem popular, também usada pelo amigo e colega de Florestan, significava "não falar de corda em casa de enforcado", ou seja, não tratar dos problemas que possam incomodar os que participam de um grupo ou reunião. Um dos casos mais marcantes desse comportamento franco e, se necessário, cruel, ocorreu durante uma reunião da Congregação da Faculdade de Filosofia, em que Florestan criticou um colega acusando-o de manchar a honra da instituição ao editar uma revista que fazia panegíricos a autoridades. Fora da reunião, o professor da área de espanhol teria comentado que Florestan seria "um homem mau".

Definitivamente, Florestan não era um "homem mau", mas fugia, sim, às regras da "boa conduta" da elite universitária. Incomodava-se com as conversas e o bate-papo nacional que atrapalhavam os estudos, encantoava-se em sua mesa, parecendo "um ouriço", evitando prosa e franzindo o "sobrolho para quem o fosse interromper"[5]. Sabia deixar claras suas posições e as defendia com um vigor típico de quem as tinha conquistado, e não herdado. Antonio Candido, para citá-lo mais uma vez, diz que, se tivesse partido de onde Florestan partiu,

---

[4] Entrevista a Paulo Moreira Leite. É claro que essa é uma reconstrução, quase cinqüenta anos depois, de um diálogo, o que certamente contém uma simplificação do que realmente ocorreu.

[5] *Florestan Fernandes*, p. 19 e 48.

teria chegado, no máximo, a motorneiro de bonde, e que para ele, Candido, as coisas sempre aconteceram muito mais facilmente[6]. A energia de Florestan, como se vê, impressionava e, por vezes, assustava. Ele mesmo calcula que, em 1949, viu começar o primeiro semestre com uma classe de cinqüenta ou sessenta alunos e que, quando chegou o segundo semestre, estava com vinte ou vinte e cinco alunos. "Eles fugiram do curso – ou seja, de mim! Fugiam porque não tinham como acompanhar aquele curso."[7]

Também em 1949, Fernando Henrique Cardoso era um jovem aluno da Faculdade de Filosofia, ou FaFi, como era chamada informalmente a FFCL, quando encontrou Florestan num bar da avenida São João. Florestan tomava cerveja[8]. Depois dessa conversa, Fernando Henrique, filho de político e próximo de militantes do Partido Comunista, que diz ter entrado no curso de Ciências Sociais com preocupações mais políticas que intelectuais, teria decidido enveredar pelo caminho da sociologia.

> Porque Florestan transmitia com freqüência a seus alunos aquele mesmo ardor, aquela mesma vontade terrível de dominar o conhecimento, de mostrar que havia de desenvolver durante toda a vida uma profissão, no sentido de que havia de se dedicar ao que estava fazendo, que era o trabalho mais importante do mundo. O resto não contava.[9]

Em *A função social da guerra*, cuja edição em livro é dedicada a Herbert Baldus e a Roger Bastide[10], Fernando Hen-

---

[6] Em entrevista ao autor.

[7] Tamanha evasão levaria os assistentes de Fernando de Azevedo a repensar os métodos e a simplificar os programas. *A condição de sociólogo*, p. 20-1.

[8] Segundo narrou Fernando Henrique em entrevista ao autor; em seminário sobre Florestan em 1986 na Universidade Estadual Paulista (Unesp), talvez pela formalidade do evento, preferiu dizer que eles tomaram café.

[9] *O saber militante*, p. 24.

[10] "Cuja influência foi tão importante em minha formação etnológica e sociológica, este trabalho é dedicado como testemunho de amizade e admiração."

rique já integra a lista daqueles a quem Florestan agradece "na preparação da edição mimeografada, destinada à defesa de tese", após as funcionárias do Departamento de Sociologia e Antropologia Zilah de Arruda Novaes e Ermelinda de Faria Castro, junto com Paula Beiguelman, Renato Jardim Moreira, Ruth Corrêa Leite (futura Cardoso), Maria Sylvia de Carvalho Franco e mais alguns nomes que viriam a formar um grupo de intelectuais muito solidários entre si e altamente produtivos. Se a conversa e a sedução que Florestan exerceu sobre Fernando Henrique podem ser consideradas, pela duração da amizade e pela proximidade entre os dois, que resistiu a profundas divergências políticas, um marco desse processo, seguramente foi muito mais relevante nesse momento da história o aprofundamento da relação pessoal e profissional de Florestan com Roger Bastide, um aprofundamento que transformaria a "ilha Florestan" na "escola paulista de sociologia".

Florestan ainda estava "entretido" com a elaboração da tese de doutorado quando foi procurado por Roger Bastide na virada dos anos 1940 para os 1950. A Organização das Nações Unidas para a Educação, Ciência e Cultura (Unesco), representada pelo mesmo Alfred Métraux que estudara os tupinambás antes de Florestan, estava realizando uma pesquisa sobre as relações raciais no Brasil e havia procurado o professor francês, depois de receber uma recusa do norte-americano Donald Pierson, professor da Escola Livre de Sociologia e Política e autor do livro *Brancos e pretos na Bahia*, publicado pela Editora Nacional em 1945. A premissa, baseada no que então era a ideologia mais poderosa e mesmo "progressista" sobre o assunto, era a de que o Brasil precisava ser estudado porque, entre outros motivos, representava um contraponto positivo à experiência social de segregação norte-americana, pois apresentaria, supostamente, uma convivência mais harmônica e menos racista e violenta entre negros e brancos, mesmo após uma longa experiência escravocrata. Pierson, diante dos poucos recursos que a Unesco destinava ao trabalho, recusou. Segundo conta Florestan, para o estudo de São Paulo (foram encomendadas pesquisas para outras capitais do país), a Unesco tinha "quatro mil dólares, o que era uma ninharia, pois o projeto envolvia um desdobramento psicológico, um estudo sociológico de área urbana e outro de área rural"[11].

Diante da recusa de Pierson, Métraux decidiu procurar Roger Bastide, que, devido a estudos que já realizara, era bastante respeitado pela comunidade negra. Bastide, que segundo Florestan "não sabia dizer não", procurou o ex-aluno para que ele participasse do projeto. A primeira reação de Florestan foi recusar o convite, por falta de tempo, uma vez que estava preparando-se para defender sua tese. Bastide insistiu, e Florestan continuou negando, apesar de o assunto "não ser novo" para ele, que realizara, para Emílio Willems, pesquisas sobre o culto ao negro João de Camargo e passara por temas como preconceito de cor e religiosidade negra em sua trajetória de pesquisador (o estudo sobre o líder carismático João de Camargo está publicado no livro *Mudanças sociais no Brasil*, assim como um estudo sobre congadas e batuques em Sorocaba e outro sobre representações coletivas sobre o negro, que nasceu na forma de artigos para o jornal *O Estado de S. Paulo*)[12].

---

[11] Paulo Duarte, muito próximo de Florestan nessa época, responsável pela edição da revista *Anhembi*, arranjaria "uma suplementação da Universidade de São Paulo de sessenta contos na ocasião", que serviu para subvencionar a publicação do trabalho (*A condição de sociólogo*, p. 93). Em sua edição de agosto de 2005 (nº 94), a revista *Cult* publicou carta de Bastide a Florestan discutindo detalhadamente os valores da pesquisa.

[12] *Mudanças sociais no Brasil* traz ainda um estudo famoso de Florestan, sobre Tiago Marques Aipobureu, índio bororo marginal, dividido entre duas sociedades, a branca e a índia, realizado com base em dados coletados, principalmente, por Herbert Baldus (o trabalho foi feito, inicialmente, para um seminário de Baldus na Escola Livre de Sociologia e Política). Paulo Betti, em 2005, concluiu um documentário sobre João de Camargo, intitulado *Cafundó*, inspirado pelo texto e por uma entrevista de Florestan.

A pesquisa sobre os sírios e libaneses, que fora suprimida das cogitações do meu doutorado, estava em andamento. Eu não queria de jeito nenhum incluir mais uma pesquisa. Vi-me na contingência de recusar-me. Sabe qual foi a reação dele?

Bastide, então, realizou um gesto que pareceu, a Florestan, ter sido o seu reconhecimento definitivo como sociólogo maduro.

Ao sair da sala em que conversávamos, no vão da porta, me perguntou: "O senhor não aceita só escrever, eu colho os dados para o senhor". Ele foi meu professor durante quatro anos, de 1941 a 1944 (porque inclusive no curso de didática eu fui aluno dele). Eu fiquei tão comovido, que saíram lágrimas dos meus olhos. Aí eu me levantei e respondi: "Está bem, o senhor venceu!"[13]

Ainda nesse mesmo relato, Florestan afirma: "Só amadores, como Bastide e eu, aceitariam fazer pesquisa por 'amor à ciência'!". Como disse Antonio Candido, "ao aceitar a tarefa, pode-se dizer que assumiu simbolicamente a consagração que o destacava como o sociólogo mais completo de sua geração"[14].

Por amor à ciência e amor às "minorias", Florestan passou dos índios aos negros, e com Bastide comandou um trabalho de pesquisa que fugia aos padrões até então adotados no país. Foi uma pesquisa realizada em grupo, em que apenas Renato Jardim Moreira e Lucila Herrmann foram remunerados, recebendo, cada um, quinhentos dólares pelo trabalho que a Unesco destinara, respectivamente, a Bastide e Florestan. A organização do trabalho foi descrita, por Bastide, quando da publicação, na introdução de *Brancos e negros em São Paulo*. Depois de uma primeira reunião, com representantes da comunidade negra, formaram-se algumas comissões, que se encontravam regularmente: uma formada por "pesquisadores escolhidos" e "representantes negros", que se reunia quinzenalmente na Faculdade de Filosofia,

---

[13] *A condição de sociólogo*, p. 93-4.
[14] *Florestan Fernandes*, p. 45.

Ciências e Letras; uma de "intelectuais de cor" para preparar as reuniões da primeira comissão e para tratar de problemas mais delicados; e outra feminina "encarregada de examinar os característicos do preconceito de cor relativamente à mulher e à criança". "Essas diversas comissões", segundo Bastide, "criando um clima de camaradagem", "mostraram como o preto vê a sociedade, como considera as relações entre brancos e negros em São Paulo e quais ideologias elabora". Além de trazer a comunidade negra paulistana para dentro da universidade, tratando-a não apenas como objeto, mas também como sujeito do estudo, a equipe utilizou outras técnicas de pesquisa sociológica, como o estudo sistemático de bairros e zonas de cortiços em que viviam famílias negras, a aplicação de questionários, entrevistas ocasionais com negros e brancos "durante os passeios, as corridas de táxi, as viagens de ônibus", como se fossem instantâneos das relações raciais "em plena vida cotidiana", entrevistas formais e a coleta de relatos de vida[15].

O resultado do trabalho apontou numa direção oposta à tese da Unesco. Embora o preconceito de cor tivesse, em São Paulo, de fato, contornos diferentes do preconceito nos Estados Unidos, a pesquisa revelou que ele existia, guardava profundas raízes com a escravidão e, o que é muito significativo, também com o seu fim. Além disso, como escreveu Florestan no prefácio à segunda edição, tanto os "brancos" quanto os "negros" precisavam ser reeducados para "conviverem de modo construtivo" no mundo republicano[16].

A redação dos capítulos refletiu algumas diferenças entre Bastide e Florestan quanto à profundidade e ao significado do preconceito racial para os negros. Florestan redigiu e assinou o primeiro capítulo, histórico, que trata da passagem

---

[15] *Brancos e negros em São Paulo*, p. 13-4.
[16] Ibidem, p. 12.

do negro da condição de escravo a cidadão e que retoma a história do negro desde o século XVI, e o segundo, "Cor e estrutura social em mudança", em que Florestan mostra que em São Paulo as transformações econômicas e políticas ocorridas após o fim da escravidão não "foram suficientemente profundas para desorganizar o sistema de relações raciais, que se elabora como conexão da escravidão e da dominação senhorial", mas que essas mudanças tendiam a criar mecanismos de controles sociais mais identificados com as classes sociais do que com a cor da pele[17]. O terceiro e o quarto capítulos, intitulados respectivamente "Manifestações do preconceito de cor" e "Efeitos do preconceito de cor", são assinados por Bastide. Coube, por fim, a Florestan redigir o último capítulo, "A luta contra o preconceito de cor", em que discute tanto as "manifestações espontâneas" contra a discriminação quanto os resultados do surgimento de instrumentos jurídicos contra o preconceito, que começaram a ser introduzidos no país com a Constituição de 1946.

Se, do ponto de vista da política universitária, a pesquisa sobre os negros de São Paulo marcou o início da formação de um grupo intelectual, do ponto de vista pessoal a experiência também foi decisiva para Florestan, que a definiu como "fascinante". "Eu me senti tão compensado com o fato de estar fazendo aquela pesquisa, que aquilo tudo deu novo sentido à sociologia para mim", conta. "À medida que a coleta de dados progredia, aumentava o meu entusiasmo", ultrapassando em muito as expectativas presentes no projeto de estudo. Além disso, o "encadeamento das pesquisas" completou o entendimento do processo histórico brasileiro por Florestan:

---

[17] *Ibidem*, p. 140-4. Ainda segundo Florestan, "convém salientar que não se pode inferir, tendo em vista a tendência de integração estrutural apontada, que o preconceito de cor e as medidas de discriminação baseadas na cor sejam completamente eliminados no futuro".

Através do índio, ficara conhecendo o Brasil dos séculos XVI e XVII; através do negro teria de estudar relativamente a fundo o Brasil dos séculos XVII, XVIII, XIX e XX. Pus o pensamento sociológico no âmago da sociedade "colonial", "imperial" e "republicana", o que representou uma enorme vantagem em termos de aprendizagem ou de possibilidades de lidar comparativa e historicamente com os problemas de estratificação social e de evoluções de estruturas sociais.[18]

Tal visão seria fundamental para os trabalhos posteriores de Florestan, tais como *A revolução burguesa no Brasil* e *Circuito fechado*. Além disso, a pesquisa permitiu que Florestan reelaborasse a própria experiência pessoal:

Estabeleceu-se uma base de identificação psicológica profunda, em parte por causa do meu passado, em parte por causa da minha experiência socialista prévia, em parte graças à origem que tenho [...], condições sem as quais provavelmente tudo isso não apareceria e eu seria o típico sociólogo profissional "neutro", "seco" e "impecável".[19]

Florestan terminou esse primeiro grande trabalho sobre os negros, pelo menos do que se depreende de seus textos, muito mais confortável com o trato de questões contemporâneas e com a auto-identificação como um sociólogo que faz suas escolhas com base na própria experiência e em suas posições políticas, ou seja, mais próximo do sociólogo "crítico e militante", como viria a se definir e a identificar como sendo o ideal de um sociólogo. Para Antonio Candido, é aí que começa a nascer o Florestan político[20]. *Brancos e negros em São Paulo* tornou-se ainda a primeira resposta suficientemente forte para se contrapor à tese da democracia racial, sustentada pelo sociólogo pernambucano Gilberto Freyre, que exercera o papel de combater teses raciais reacionárias e deterministas da virada do século XIX para o XX, mas que via as relações raciais no

---

[18] *A condição de sociólogo*, p. 94-5.
[19] Ibidem, p. 96.
[20] *Florestan Fernandes*, p. 26-32.

Brasil privilegiando o olhar açucarado da "casa-grande" em detrimento das dores da senzala[21].

Em 29 de outubro de 1954, ocorreu o jantar de despedida de Roger Bastide, que retornava à Europa. Fernando de Azevedo, o catedrático de Sociologia II, fez um discurso em homenagem ao colega de Sociologia I. O discurso não citava Florestan, que substituiria Bastide, mas brincava com um tema "seu": depois de tratar da "crueldade" dos sul-americanos, da timidez e da cumplicidade das "igrejinhas" intelectuais, Azevedo disse que Bastide não levaria nenhuma dessas impressões, pois deixara no departamento muito da cultura francesa que trouxera dezoito anos antes.

> Tudo isso faz parte do espírito da cultura francesa e de tal modo e em tão alto grau já vinha integrado em vós, que, se, por vossos exemplos e lições, não o tivésseis repartido, em graus variáveis, por tantos de vossos discípulos, teríamos de convocar-vos e reunir-vos não para um jantar de despedida, mas para vos declarar e vos conservar nosso prisioneiro, mas sem a mais vaga intenção de envolver-vos um dia (é preciso ter muito cuidado com a crueldade sul-americana...) numa dessas cerimônias antropofágicas em que certas sociedades primitivas acabam por devorar os prisioneiros, na crença de ingerirem, com a carne humana, as suas mais apreciadas qualidades...[22]

---

[21] O prestígio de Freyre entre a comunidade negra pode ser medido pelo fato de ter escrito para duas edições (primeira e décima) do jornal *Quilombo*, dirigido por Abdias do Nascimento, que, diga-se, não concordava com sua tese. Na sua colaboração inicial ao jornal do movimento negro, ele inaugura a coluna "Democracia Racial", em dezembro de 1948, afirmando que "o comportamento dos brasileiros deve ser o de brasileiros, embora cada um possa e até deva conservar de sua cultura ou 'raça' materna valores que possam ser úteis ao todo: à cultura mestiça, plural e complexa do Brasil. Inclusive os valores africanos" (edição fac-similar de *Quilombo*, p. 26 e 117).

[22] Fernando de Azevedo, *Figuras do meu convívio*, p. 165-8. A referência é ao tratamento dado pelos tupinambás aos prisioneiros de guerra.

A passagem de Florestan da cátedra de Sociologia II para a I, em 1952, pelo menos para o substituto de Bastide, não envolveu lances antropofágicos, mas foi, sim, quase uma guerra. Bastide tornou pública a sua intenção de fazer de Florestan seu sucessor sem consultar antes Fernando de Azevedo, seu chefe na outra cadeira, numa época em que os catedráticos da universidade eram tão poderosos que podiam demitir os professores *ad nutum*, ou seja, sem consultar ninguém e a qualquer hora, mesmo sem nenhum motivo. Era uma interferência direta na cadeira de Azevedo, que, incomodado, forçou Florestan a continuar atuando nas duas cátedras, o que o obrigou a dar até catorze aulas semanais. Florestan e Azevedo, então, tiveram uma "briga seriíssima", assim narrada pelo primeiro:

> Disse-lhe que o elemento que explicava a minha não-transferência era a sua atitude intransigente, intervindo para que eu não fosse transferido. Ele disse: "Florestan, vamos conversar, vamos conversar de coração para coração". Aí dei uma resposta da qual me arrependo amargamente: "Doutor Fernando, nós nunca mais conversaremos de coração para coração, conversaremos de cabeça para cabeça".

Florestan conta ainda que Azevedo começou a chorar e ele, em seguida, chorou também: "E ficamos ali, como duas crianças, nos abraçando e, naturalmente, ele disse: 'Bom, eu vou tratar de ajudar você a resolver o caso'"[23].

Entre a efetivação como assistente de Bastide e a substituição do mestre na condução da cadeira (sem o título de catedrático, na condição de "regente"), Florestan obteve, com o último grande trabalho que resultou do ciclo de estudos dos tupinambás, o título de professor livre-docente com a tese *Ensaio sobre o método de interpretação funcionalista na Sociologia*[24]. Para a banca diante da qual Florestan defenderia esse trabalho, Bastide convidou Gilberto Freyre, que, no entanto, acabou não participando da

---
[23] *A contestação necessária*, p. 195-7.
[24] Publicado na terceira parte de *Fundamentos empíricos da explicação sociológica*.

avaliação. De Apipucos, Recife, o autor de *Casa-grande & senzala* respondeu, por carta, para justificar a ausência:

> Seria uma honra participar de uma comissão examinadora como aquela, composta de homens tão competentes, que vai examinar a tese do nosso jovem e já notável colega Florestan Fernandes. Mas o meu estado de saúde não me permite tomar compromissos para as próximas semanas ou meses, embora minha volta à normalidade possa se oferecer mais prontamente do que supõe o meu pessimismo,

Na mesma carta, Freyre diz que lamenta não poder assistir à exposição da tese sobre o funcionalismo:

> Tanto mais quanto o vai expor um Florestan Fernandes que não conheço pessoalmente mas que admiro com a mais viva admiração, considerando-o, dentre os jovens já afirmados, aquele que, na sua especialidade, reúne maior número de qualidades.[25]

Freyre também recusaria o convite de Florestan para que participasse da defesa do doutorado de Fernando Henrique Cardoso, sobre a escravidão no sul do país[26], intitulada *Formação e desintegração da sociedade de castas: o negro na ordem escravrocrata no Rio Grande do Sul* (publicada em livro com o título *Capitalismo e escravidão no Brasil meridional*), o que se explica melhor pela clara oposição entre seu entendimento sobre a escravidão e o adotado por Florestan e seus discípulos.

A obtenção do título por Fernando Henrique, que ocorreu em 1961, mesmo ano em que Octavio Ianni defendeu sua tese de doutorado intitulada *O negro na sociedade de castas*, marcou a cena intelectual paulistana, num acontecimento que, narrado pelo cientista político Oliveiros S. Ferreira, mostra o reconhecimento que ambos e, por conseqüência, todo o grupo de Florestan haviam alcançado. Oliveiros retoma, mais uma vez, a imagem do canibalismo indígena, tão estudado pelo sociólogo e tão divulgado por Oswald de Andrade:

---

[25] Publicada na *Revista USP*, nº 29 (1996).
[26] Cf. *Folha de S.Paulo*, caderno Mais!, 12/3/2000.

Por sua aprovação em doutoramento, como nos rituais de algumas tribos, a gente universitária e as demais gentes jantaram Octavio Ianni e Fernando Henrique Cardoso, saudados pelo magnífico reitor no restaurante Fasano da avenida Paulista. A homenagem desse tipo, antes ou depois, só fui aos jantares para os cinqüenta anos de Sérgio Buarque de Holanda e para os sessenta anos de Sérgio Milliet. A jovem geração pusera empenho em tornar público ao que viera – e o fez com incontestada competência em carreira brilhante, mas às vezes brutal como uma *Blitzkrieg*.[27]

Oliveiros usa no final desse trecho a palavra alemã cuja melhor tradução para o português é guerra-relâmpago, tornada célebre como tática de guerra utilizada pelos alemães durante a Segunda Guerra Mundial. Como ele não fazia parte da equipe de Florestan, o uso de tal vocábulo militar é significativo, porque indica a percepção dos projetos concorrentes diante da atuação do grupo da Sociologia I. De fato, não foram poucos os atritos e as dificuldades trazidos pelo novo modelo de trabalho, que começou a ser imposto por Florestan a partir de 1955, e que atingiu seu "tipo ideal", descrito a seguir, mais à frente: "A rotina consistia em uma discussão em um primeiro escalão, na qual participavam comigo Fernando Henrique Cardoso e Octavio Ianni; havia, em seguida, um desdobramento da discussão em um segundo escalão", da qual também participavam Marialice e Maria Sylvia – e, depois, Luís Pereira e Leôncio Martins Rodrigues. "Nas reuniões coletivas, cabia-me relatar essas decisões – o que podia suscitar falsas aparências: não foram poucos os que me acusaram de mandonismo inveterado!"[28]

Sob essa nova disciplina, o regente Florestan[29] liderou um grupo que acabou sendo conhecido por "escola paulista

---

[27] Oliveiros S. Ferreira, "Maria Antonia começou na praça", em Maria Cecília Loschiavo dos Santos, *Maria Antonia, uma rua na contramão*, p. 19.
[28] *A sociologia no Brasil*, p. 186.
[29] O título de professor catedrático seria obtido em 1964, com *A integração do negro na sociedade de classes*.

de sociologia". Embora a produção sociológica paulista não se limitasse, evidentemente, aos trabalhos sob sua orientação, apenas a comandada por Florestan tem uma articulação e uma complexidade especial, que se expressa tanto na escolha dos temas a serem estudados quanto nos seus recursos a teorias e técnicas de pesquisa e que foi capaz de atingir uma maturidade e uma autonomia até então não existentes na produção dos seus colegas em outras universidades e na própria USP[30].

Florestan havia começado sua carreira acadêmica na Escola Livre de Sociologia e Política, pelo "degrau mais baixo", ao tornar-se mestre com a dissertação *A organização social dos Tupinambá*[31]. Tal título nem sequer fazia parte das possibilidades oferecidas pela pós-graduação da USP[32], o que foi apenas um dos sinais de que Florestan, diferentemente de muitos dos seus colegas, encarava a sociologia como uma profissão, na qual não havia espaço para nenhuma "atitude de fastio, ou a menor dispersão"[33], mas que exigia um esforço regular e cotidiano. Essa atitude, ele procurava reproduzir em seus cursos, como atestou uma de suas alunas, ao afirmar que suas aulas expressavam sempre a idéia de que o trabalho intelectual era, "literalmente, trabalho"[34].

---

[30] Cf. Maria Arminda do Nascimento Arruda, "A sociologia no Brasil: Florestan Fernandes e a 'escola paulista'", em *História das ciências sociais no Brasil*, v. 2, p. 107-231.

[31] Observação de Cíntia Contreiras, lembrada em *História das ciências sociais no Brasil*, v. 2, p. 170.

[32] Cf., por exemplo, *A Universidade de São Paulo*, de Jorge Americano, que inclui apenas o doutorado entre as possibilidades de pós da USP.

[33] *História das ciências sociais no Brasil*, v. 2, p. 170.

[34] Eunice Ribeiro Durham, "Formando gerações", em *O saber militante*, p. 20.

Ao tirar o conhecimento da esfera do prazer e da fruição da literatura[35], como até então era regra entre os intelectuais paulistas, e jogá-lo no campo do mundo do trabalho, Florestan impunha exigências próprias do universo dos trabalhadores (coerentes, aliás, com sua primeira socialização), tais como competência, produtividade, organização, divisão de tarefas, pragmatismo e indicações de possibilidade de ascensão para os que integravam o grupo. Não à toa, ele é comparado a um calvinista[36], pois passou a impor uma ética do mundo do trabalho em suas atividades acadêmicas. Dessa forma, os assistentes de Florestan passaram a ter de ultrapassar obstáculos que os outros professores da universidade tinham de enfrentar apenas marginalmente.

> Do meu ponto de vista, o "bom assistente" era aquele que evidenciasse uma capacidade de trabalho pelo menos igual à minha, em quantidade e em qualidade. Procurei os assistentes que me pudessem "fazer sombra" e sempre estimulei uma corrida aberta entre todos nós, no que se referisse à produção intelectual.[37]

De certo modo, Florestan transportou a influência norte-americana que a Escola Livre de Sociologia e Política representou na sua trajetória para a USP. Para Maria Arminda do Nascimento Silva, "enquanto personalidade, Florestan parecia mais adequado ao mundo da Escola Livre de Sociologia". Ainda segundo ela, Florestan "estava corretamente adestrado para conviver naquele

---

[35] No texto "Reflexões sobre a mudança social no Brasil", em *A sociologia numa era de revolução social*, publicado pela primeira vez em 1963, Florestan, combatendo a neutralidade da inteligência brasileira, escreveria: "O nosso padrão de 'vida literária' foi moldado numa sociedade senhorial e o escritor brasileiro passou a ver-se, como e enquanto escritor, à luz de uma concepção estamental do mundo [...]. Em outras palavras, manteve-se o confinamento da literatura, da pintura ou da ciência, como se elas fossem alheias à condição humana e à realidade moral do 'homem comum' e de seu estilo de existência" (p. 226-7).

[36] *História das ciências sociais no Brasil*, v. 2, p. 169.

[37] *A sociologia no Brasil*, p. 185.

espaço, o que se evidenciava na bibliografia utilizada nas suas obras, onde a familiaridade com o estrutural-funcionalismo americano é nítida". Mas, lá, havia um problema, pois "lhe faltaria o essencial: a carreira com todos os símbolos e benesses, inclusive materiais"[38]. Carreira que é uma dimensão evidente do universo do trabalho no mundo acadêmico, ainda que seus simbolismos possam "disfarçar" tal condição. Carreira que impõe limitações e oportunidades que estão longe de ser controladas pelo trabalhador.

A montagem da equipe de Florestan começa a desenhar-se ainda em 1953, quando Fernando Henrique Cardoso torna-se o primeiro mestre em sociologia da USP, ao apresentar a dissertação *A evolução da indústria em São Paulo*, e se credencia para a função que viria a ocupar. Florestan havia obtido, para Fernando Henrique, sua primeira ocupação como pesquisador, com a professora de história da economia Alice Canabrava, com quem o jovem estudante se desentenderia. Fernando Henrique, assim como quase todo o primeiro grupo de assistentes de Florestan, que incluía Renato Jardim Moreira, Octavio Ianni e Maria Sylvia Carvalho Franco, dedicar-se-ia, na cadeira de Sociologia I, a estudos que são verdadeiros prolongamentos da pesquisa do regente e de Bastide sobre brancos e negros em São Paulo. A única exceção seria Marialice Foracchi, que estudaria o papel do estudante no processo de transformação da sociedade brasileira.

Florestan negou mais de uma vez que houvesse a intenção de formar ou que tenha formado uma "escola". Numa entrevista para o projeto *História da Antropologia no Brasil*, fazendo referência à linha de pesquisa adotada sobre os negros, Florestan afirma:

> Era decisivo descobrir as matrizes de nossa formação, até que ponto aquilo que se evidenciava em São Paulo era o Brasil mesmo... Mas, por aí, não se define uma escola. Não havia, insisto, na minha intenção, a idéia de fazer uma escola. Não havia na intenção das pessoas que colaboraram comigo a idéia de ser meros repetidores e ou seguidores. Cada qual procurou explorar o seu caminho.[39]

---
[38] *História das ciências sociais no Brasil*, v. 2, p. 174.

[39] Citado em *História das ciências sociais no Brasil*, v. 2, p. 192.

Em outro momento, demonstraria que talvez até tivesse o desejo de montar uma escola, mas que não havia condições para isso naquele momento: "Não supunha que devêssemos, todos, pensar da mesma maneira, como uma *escola*, com certa 'doutrina'. Sabia que não dispunha de poder criador para tanto, quer na esfera da pesquisa e da teoria, quer na do ensino"[40].

Nessa época, a Faculdade de Filosofia, Ciências e Letras e o curso de Sociologia já haviam sido transferidos para a rua Maria Antonia, o que permitiu uma aproximação maior entre os professores, pois seus departamentos eram pequenos e as amizades eram favorecidas pelo contato que o espaço físico proporcionava. A amizade entre Florestan e Fernando Henrique se intensificaria na segunda metade dos anos 1950, a partir da mudança do já mestre para a rua Nebraska, no Broklin, a mesma em que vivia o regente da cadeira, após a eleição do pai de Fernando Henrique para deputado. Ali, as duas famílias, a de Fernando Henrique e Ruth Cardoso e a de Florestan e Myrian Rodrigues Fernandes, iriam se tornar muito próximas, com trocas de favores cotidianas, típicas de vizinhos. Florestan usava, por exemplo, o telefone na casa de Fernando Henrique, e Ruth Cardoso e Myrian Fernandes dividiram muitas vezes a tarefa de levar as crianças para a escola.

Como se pode perceber, a vida pessoal de Florestan era cada vez mais ligada à universidade, para onde se voltara grande parte de sua energia e afinidades. Aos poucos, Florestan, ora respeitando o movimento natural dos interesses intelectuais de seus apoiadores, ora forçando situações, fez várias mudanças no rol de assistentes, até chegar à composição que, de certa forma, representa simbolicamente seu comando: ele na figura do regente-catedrático, substituindo o catedrático Bastide, Fernando Henrique como primeiro-assistente e Ianni como segundo-assistente. Ianni, que substituiu Renato Jardim Moreira, obteria seu título de mestre em 1957, com *Raça e*

---

[40] *A sociologia no Brasil*, p. 183.

mobilidade social em Florianópolis, já resultado da pesquisa que ele, Fernando Henrique, e Renato Jardim realizaram no sul do país. Quando Florestan assumiu a cadeira, as assistentes de Bastide eram Maria Isaura Pereira de Queiroz e Gilda Rocha de Melo e Souza, que se transferiram, respectivamente, para a cadeira de Sociologia II e para o curso de Filosofia. A passagem de Gilda para a cadeira de Estética na Filosofia foi analisada em *Destinos mistos* por Heloísa Pontes, para quem a transferência decorreu do tema escolhido por ela para sua tese de doutorado, defendida em 1951, antes, portanto, da de Florestan, sem obter, tanto dos professores brasileiros quanto dos estrangeiros, o reconhecimento que o colega alcançou ao estudar a guerra, um tema masculino por excelência. "O tema que escolhera para a tese, a formação do gosto e do consumo da moda no século XIX, constituiu 'uma espécie de desvio em relação às normas predominantes nas teses da Universidade de São Paulo'", diz Pontes, citando, entre aspas, a própria Gilda.

> Apesar do recorte sociológico do trabalho, no qual a moda é apreendida como um fato social e cultural capaz de revelar dimensões importantes e inesperadas da sociedade brasileira, o tema – à boca pequena – foi considerado fútil por muitos.[41]

O tempo faria com que a originalidade de Gilda se impusesse e que o tema, como ela mesma afirma na primeira edição em livro da tese, de 1987, ganhasse uma "atualidade inesperada", mostrando todo o valor e ousadia de seu trabalho[42].

Embora recuse a idéia de escola, Florestan reconheceu ter formado, com a cadeira de Sociologia I, "uma instituição dentro de outra instituição"[43] – e não há como não ver uma luta permanente dentro da política universitária para ampliar o poder no departamento e para obter recursos necessários aos projetos que o grupo

---

[41] *Destinos mistos*, p. 188.
[42] *O espírito das roupas*, p. 7.
[43] *A sociologia no Brasil*, p. 185.

buscava executar[44]. Além disso, Florestan tinha acesso a jornais e editores de livros e revistas, como o editor da revista *Anhembi* Paulo Duarte (a quem ele dedicaria *Fundamentos empíricos da explicação sociológica*), e os trabalhos do grupo encontraram espaço para a difusão em várias editoras de São Paulo[45]. A política universitária agressiva também se evidencia na rivalidade com Lourival Gomes Machado[46] e nas tentativas "expansionistas" de levar Octavio Ianni ao comando da cátedra de Sociologia II, em 1964, quando foi derrotado por Ruy Coelho, e na transferência de Fernando Henrique, na condição de catedrático, em 1968, para a cadeira de Ciência Política.

Uma polêmica com o sociólogo Alberto Guerreiro Ramos mostra que os procedimentos adotados por Florestan incomodavam também os que estavam fora da USP. À frente do ainda nomeado Instituto Brasileiro de Economia, Sociologia e Política (Ibesp), que logo passaria a ser conhecido por Instituto Superior de Estudos Brasileiros (Iseb), responsável pelos debates em torno do desenvolvimento nacional, do qual também tomava parte Hélio Jaguaribe, entre outros, Guerreiro Ramos atacou, em 1953, no II Congresso Latino-Americano de sociologia, os métodos que se tornavam dominantes em São Paulo, propondo uma "sociologia nacional": "A essência de toda sociologia autêntica é, direta ou indiretamente, um propósito salvador e de reconstrução social", escreve. "Desvinculada de uma realidade humana efetiva, a sociologia é uma atividade lúdica da mesma natureza do pif-paf." Guerreiro Ramos fará ainda críticas explícitas: "Há indícios muito patentes de que a instrução do aprendiz de sociólogo no Brasil está sendo produzida de modo análogo, isto é, não está contribuindo para o domínio e o comando do

---

[44] *História das ciências sociais no Brasil*, v. 2, p. 196.
[45] Companhia Editora Nacional, Martins, Difusão Européia do Livro e Pioneira.
[46] *Maria Antonia, uma rua na contramão*, p. 24.

meio brasileiro" e que não se justifica "que se reiterem investigações do tipo da realizada pelo professor Emílio Willems e que resultou na obra *Cunha – tradição e transição em uma cultura rural do Brasil*", que, para Guerreiro Ramos, trata-se de um tipo de sociologia regional "mais ou menos anódino e diversionista", que estaria "empolgando um considerável número de jovens sociólogos brasileiros – o que representa um desperdício dos nossos recursos técnicos"[47]. Guerreiro Ramos também atacará, em outro momento, o "empirismo que transparece na tentativa dos que pretendem elaborar a compreensão de uma sociedade nacional por meio de mera coleção de fatos, estudos monográficos de comunidade, *surveys* locais, como se desse material bruto se pudessem extrair categorias compreensivas"[48]. Florestan respondeu às críticas afirmando que, por trás da tendência de valorizar a lealdade do sociólogo à nação e de negligenciar o sistema de normas e valores do saber científico, "oculta-se uma formidável falácia".

> Parece certo e indiscutível que o cientista moderno precisa ter consciência plena das vinculações das condições e dos produtos de seu labor intelectual com a organização da sociedade em que vive. Mas também é patente que nenhum cientista conseguirá pôr a ciência a serviço de sua comunidade sem observar, de modo íntegro e rigoroso, as normas e os valores que regulam a descoberta, a verificação e a aplicação do conhecimento científico.[49]

As divergências ficariam ainda mais nítidas com a organização, em São Paulo, do Centro de Sociologia Industrial e do Trabalho

---

[47] Trechos de *Cartilha brasileira do aprendiz de sociólogo. (Prefácio a uma Sociologia Nacional)*, publicado em 1954, citados por Maria Arminda do Nascimento Arruda em *História das ciências sociais no Brasil*, v. 2, p. 153-4.

[48] *Introdução aos problemas brasileiros* (Iseb/MEC, 1956, p. 14-5), citado por Maria Arminda do Nascimento Arruda em *História das ciências sociais no Brasil*, v. 2, p. 154.

[49] "O padrão de trabalho científico dos sociólogos brasileiros", em *A sociologia no Brasil*, p. 68.

(Cesit), projeto em que se envolveram Florestan, Fernando Henrique e Octavio Ianni no início dos anos 1960 e que pretendia estudar a indústria nacional. O Cesit permitiu o alargamento do grupo da Sociologia I e contou com a participação, entre outros, de Leôncio Martins Rodrigues e Paul Singer.

As rusgas nas quais Florestan tomou parte, é verdade, não ficavam limitadas à vida universitária. Sua filha Beatriz presenciou um episódio que revela sua coragem fora dos muros universitários e fora do que poderíamos chamar de "grandes questões". Certa vez, o pai dirigia o carro da família quando um caminhão interrompeu a passagem da rua. Florestan, que dirigia muito mal, mas que nesse caso não parece ter tido responsabilidade pelo incidente, parou o carro. Percebeu, então, que o caminhão dava marcha a ré e começou a buzinar. Aparentemente, o caminhoneiro não ouviu o alarme, ou simplesmente não lhe deu a importância devida, até que bateu no carro. Florestan desceu para conversar e cobrar o estrago. O motorista chegou à conclusão de que também sofrera alguns arranhões e que, portanto, arcariam "cada um com o seu prejuízo". Florestan pareceu não se abalar. Voltou para o carro, pegou a chave usada para trocar os pneus, dirigiu-se à frente do caminhão e bateu-a, com força, no pára-brisa, que, claro, se partiu. Disse apenas: "Agora, cada um com seu prejuízo", e foi em direção ao carro. Houve reação, mas a briga foi separada por gente que estava por perto[50].

O comportamento de Florestan foi, aliás, bem resumido por Fernando Henrique no seminário de Marília, em 1986. Depois de dizer que Florestan era muito exigente com o rigor no uso dos conceitos, às vezes "quase palavrões, de tão feios e desnecessários", emenda, mudando de assunto, diga-se, sem muito rigor:

> Isto tudo não impediu que Florestan fosse um polemista. *Brigou*, mas *brigou* sem fim. Só não *brigou* conosco. Nunca *brigou*, que eu saiba, com nenhum de seus discípulos. Era duro, mas não era áspero.

---

[50] Em entrevista de Beatriz ao autor, na qual também contou que a avó Maria chegava a "chorar quando tinha de voltar para casa com ele dirigindo".

Incentivava. Tolhia às vezes, mas tolhia para dar disciplina. Mas com os outros, meu Deus, como *brigou*! E eu, que sou de temperamento mais cordato do que ele, em quantas frias entrei! Em quantas *brigas* na universidade, na congregação, em quantos desaforos terríveis. Porque Florestan *brigava* porque acreditava, queria melhorar; polemizou extensamente, nunca deixou de polemizar.

A fala de Fernando Henrique, que parece ter sido transcrita de uma exposição oral (os destaques são meus), termina narrando outra briga de Florestan, dessa vez nos Estados Unidos: "*Brigou* com gestos de tal força numa reunião em Nova York que os americanos presentes me perguntaram: mas o que é isto?"[51]. Fernando Henrique, em Marília, preferiu não contar o gesto que Florestan havia feito, porque estava numa universidade e achou que não era conveniente explicitá-lo. Mas o fato é que Florestan deu uma violenta banana para os gringos nesse dia[52].

Florestan, como se vê, não apenas valorizava intelectualmente o conflito, como também sempre deixou que ele fizesse parte do seu cotidiano. Mas havia uma barreira que apenas na virada dos anos 1950 para os anos 1960 acabou por transpor e que também pode ser considerada um ponto de inflexão em sua trajetória, permitindo que ele iniciasse uma nova vida.

A Constituição de 1946 preservou como responsabilidade da União legislar sobre "as diretrizes e bases da educação nacional", um dispositivo que fora introduzido na Constituição de 1934, o que favoreceu a criação de estruturas e planos que permitissem expandir o ensino público. Em 1948, chegou à Câmara dos Deputados um anteprojeto da Lei de Diretrizes e Bases da Educação Nacional que sistematizava inovações e medidas sugeridas pelos educadores.

---

[51] *O saber militante*, p. 29-30.
[52] Gesto que Fernando Henrique repetiu, em entrevista ao autor.

Parecia que o teor das medidas preconizadas receberia boa acolhida por parte dos legisladores. Não obstante, pouco a pouco os mentores das escolas particulares, sob a liderança e com o apoio influente do clero católico[53], interferiram na tramitação do projeto de lei, alterando por completo sua orientação e conteúdo. Já em janeiro de 1959 contavam com um substitutivo, que atendia acintosamente a seus interesses e reivindicações.[54]

O substitutivo, altamente privatista, relatado pelo influente deputado e líder udenista Carlos Lacerda, revertia uma tendência adotada desde a proclamação da República e acabou aprovado em 1960. A aprovação desencadeou uma onda de manifestações pelo país, que adotaram uma forte palavra de ordem: "Dinheiro público para a Escola Pública", propagado sobretudo pelos estudantes, responsáveis, com entidades ligadas ao magistério e os sindicatos operários, pelos protestos mais radicais. Em 5 de maio de 1960, ocorreu, na rua do Carmo, a primeira convenção do movimento, que viria a receber o apoio de jornais e de inúmeros intelectuais, entre eles os integrantes da cadeira de Sociologia dirigida por Florestan na Universidade de São Paulo.

A participação de sociólogos em movimentos do gênero, pelo menos naquela proporção e utilizando o discurso sociológico para sustentar suas posições, parecia ser uma novidade naquele momento, uma vez que Florestan procura justificar o ocorrido.

> É patente que os sociólogos envolvidos no movimento dele participaram como agentes da reeducação do homem. Eles não visavam à adesão pura e simples, mas à alteração de um modo de ser diante de aspectos vitais da vida social organizada.[55]

---

[53] Que ainda não passara pela "abertura" que representou o Concílio Vaticano II (1968).

[54] *A sociologia numa era de revolução social*, p. 112-3.

[55] Ibidem, p. 116. Florestan cita como participantes ativos do movimento Fernando de Azevedo, Fernando Henrique Cardoso, Wilson Cantoni, Michael Löwy, Octavio Ianni, Luiz Pereira, Marialice Foracchi, Renato Jardim Moreira, Douglas Teixeira Monteiro e Maria Sylvia de Carvalho Franco. Florestan também diz que houve outras contribuições importantes.

Em outro momento, Florestan conta que entrou na campanha após certa vacilação, pois não se sentia, inicialmente, competente para discutir assuntos que eram muito mais da alçada dos educadores do que dos sociólogos.

> Porém, depois que eu vi que eu podia contribuir, como sociólogo, com um ângulo construtivo de discussão do projeto e que a perspectiva sociológica garantia certa eficácia na discussão dos problemas, passei a participar com intensidade crescente da campanha.[56]

Foram entre 55 e 60 conferências, "sem contar as entrevistas e declarações para a imprensa escrita e falada"[57]. Entre as reações à sua participação, uma parece pitoresca. Numa cidade do interior de São Paulo, os mentores de escolas de nível médio e superior católico publicaram, em órgão de imprensa local, uma proclamação, na qual lamentavam a presença de Florestan, considerado um "inimigo notório da escola particular", para a realização de uma conferência, salientando que a educação pertence "por título sobrenatural à Igreja, consoante Encíclica de Pio XI"[58].

O movimento foi parcialmente bem-sucedido, conseguindo importantes alterações na lei, mas não obtendo, como queriam os estudantes, o fim do financiamento público ao ensino privado. João Goulart, que na época tinha Darcy Ribeiro à frente da pasta da Educação, recuaria diante das pressões, deixando de vetar pontos do substitutivo de Carlos Lacerda que eram contrários à proposta de reforma do governo. Como uma conquista indireta, Florestan considera que houve um "fortalecimento de um novo modelo de reação societária aos dilemas educacionais brasileiros" a partir dos debates, fazendo surgir

---

[56] *A condição de sociólogo*, p. 59.
[57] Ibidem, p. 60. Em *A sociologia numa era de revolução social*, Florestan lista suas intervenções até o início de outubro de 1961 e chega a 54 atividades, entre elas três mesas-redondas em canais de televisão (p. 117).
[58] *A sociologia numa era de revolução social*, p. 118. Florestan não cita o nome da cidade.

"novas disposições e novos níveis de aspiração do *homem comum* em face das práticas educacionais imperantes"[59].

Do ponto de vista pessoal, o engajamento de Florestan na campanha representou o fim de um "confinamento" tanto pessoal quanto de companheiros intelectuais. "Deixamos de representar um papel de intelectual de cúpula, em nome da elite. E foi uma ruptura já não teórica, mas prática."[60] Diante dessa campanha, tornou-se claro para Florestan que o sociólogo, como cientista e como técnico, havia conquistado um espaço privilegiado de atuação como cidadão, o que contrariava a expectativa que dele tinham os setores conservadores. Por outro lado, ele também respondia ao relativo desenvolvimento econômico e social que o país conheceu depois de 1945, que liberara amarras de uma sociedade que passou, para Florestan, a exigir a participação dos intelectuais na vida política, esgarçando os limites da "liberdade ritual" então desfrutada pela universidade – uma questão que envolveu não apenas a educação, mas todo o cartel de "reformas de base" que foram intensamente debatidas durante o governo João Goulart.

Mas prevalecia, naquele momento, nos setores mais conservadores, o que Florestan classificou como uma "resistência sociopática à mudança social", que, mesmo com o "esclarecimento intelectual dos sociólogos a respeito da natureza e das opções práticas", a sociedade brasileira não chegaria a vencer: a "rigidez dos círculos conservadores e do próprio sistema organizatório da sociedade global" levou os dilemas sociais, entre os quais o educacional representava apenas uma pequena parcela, a se agravar de modo que se buscassem "soluções tardias mas violentas dos problemas sociais"[61].

Chegamos a 1964. O conflito tornara-se, graças à tal resistência sociopática à mudança de parte considerável da burguesia nacional, destrutivo.

---

[59] *A sociologia numa era de revolução social*, p. 119.

[60] *A condição de sociólogo*, p. 61.

[61] *A sociologia numa era de revolução social*, p. 131. A primeira edição da obra é de 1963.

COLIGAÇÃO DEMOCRÁTICA RADICAL

•

ANTE-PROJETO
DE
PROGRAMA TÉCNICO-ELEITORAL

•

SÃO PAULO — 1945

Programa da Coligação Democrática Radical lançado após o fim do Estado Novo, tentativa frustrada do Partido Socialista Revolucionário de organizar uma frente de esquerda. O nome de Florestan aparece entre os primeiros signatários do documento.

OS CEM PRIMEIROS SIGNATÁRIOS DO ANTE-PROJETO DE MANIFESTO-PROGRAMA:

aa) Edgar Barrozo do Amaral, professor universitário,
Roldão Lopes de Barros, professor universitário,
João Cruz Costa, professor universitário,
Mário Wagner V. da Cunha, professor universitário,
Florestan Fernandes, professor-assistente da Fac. de Filosofia,
Ari França, professor-assistente da Fac. de Filosofia,
José Severo Camargo Pereira, professor-assistente da Fac. de Filosofia,
Pedro Cunha Lopes, assistente da Escola Paulista de Medicina,
Jamil Almansur Haddad, escritor e médico,
Galeão Coutinho, escritor e jornalista,
Heraldo Barbuy, escritor e jornalista,
Vitor de Azevedo Pinheiro, escritor e jornalista,
Luiz Washington, jornalista e funcionário
Rolmes Barbosa, jornalista,
Rômulo Argentieri, jornalista,
Octacílio Gomes, jornalista,
Vinicio de Oliveira Orlandi, jornalista,
J. Ribeiro Pena, jornalista,
Isolino da Cunha Mota, jornalista,
Ciro T. de Pádua, jornalista,
Fernando Pimentel, jornalista,
Luiz de Almeida Prado, jornalista,
Odila da Silva Jardim, jornalista,
Paulo Felipeti, jornalista,
Cláudio Abramo, jornalista,
Rogério P. Sampaio, jornalista e advogado,
Jussien da Cunha Batista, jornalista e acadêmico,
Péricles Pinheiro, jornalista e acadêmico,
Hideo Onaga, jornalista e acadêmico,
Mário Franceschini, jornalista e estudante,
Francisco de Andrade Souza Neto, advogado,
José Gonçalves de Andrade Figueira, advogado,

[23]

Hermínio Sacchetta, na Editora Flama, 1946: responsável pela primeira militância política de Florestan, no trotskista Partido Socialista Revolucionário.

Outro flagrante da campanha em defesa da escola pública: Florestan, à saída de uma reunião com membros da Maçonaria.

Florestan (ao fundo, em pé, 5º da esquerda para a direita) e Caio Prado Jr. (4º) participam do II Congresso Sindical dos Trabalhadores, São Paulo, 1960.

[São Paulo], 9 de setembro de 1964

Senhor Tenente-Coronel:

Há quase vinte anos venho dando o melhor de meu esfôrço para ajudar a construir em São Paulo um núcleo de estudos universitários digno dêsse nome. Por grandes que sejam minhas falhas e por pequena que tenha sido minha contribuição individual, êsse objetivo constitui o principal alvo de minha vida, dando sentido às minhas atividades como professor, como pesquisador e como cientista. Por isso, foi com indisfarçável desencanto e com indignação que vi as escolas e os institutos da Universidade de São Paulo serem incluídos na rêde de investigação sumária, de caráter "policial-militar", que visa a apurar os entros de corrupção e os centros de agitação subversiva no seio dos serviços públicos mantidos pelo Govêrno Estadual.

Não somos um bando de malfeitores. Nem a ética universitária nos permitiria converter o ensino em fonte de propagação político-partidária. Os que exploram meios ilícitos de enriquecimento e de aumento do poder afastam-se cuidadosa e sabiamente, da área do ensino (especialmente do ensino superior). Em nosso país o ensino só fornece ônus e pesados encargos, oferecendo escassos atrativos mesmo para os honestos, quanto mais para os que manipulam a corrupção como um estilo de vida. Doutro lado, quem pretendesse devotar-se à agitação político-partidária seria desavisado se se cingisse às limitações insanáveis que as relações pedagógicas impõem ao intercâmbio d[e] as[piraçõe]s ger[a]ções.

Vendo as coisas dêsse ângulo (e não me parece que exista outro diverso), recebi a convocação para ser inquirido "policial-militarmente" como uma injúria, que afronta a um tempo o espírito de trabalho universitário e a mentalidade científica, afeta[s] ao tempo, portanto, tanto pessoalmente, quanto na minha condição de membro do corpo de docentes e investigadores da Universidades de São Paulo. Foi com melancolia e surprêsa que vislumbrei a indiferença da alta administração universitária diante dessa inovação que est abeleceu nova tutela sobre a nossa atividade intelectual. Possuímos critérios próprios para a seleção e a promoção do pessoal docente e de pesquisa. Atent a V.Sa. para as seguintes indicações, que extraio de minha experiência pessoal e que ilustram um caso entre muitos. Formado entre 1943-1944, obtive meu grau de mestre em ciências sociais em 1947, com um trabalho de 328 pp. (em composição tipográfica); o grau de doutor, em 1951 com um estudo de 419 pp. (também em composição tipográfica); o título de livre docente, em 1953, com um ensaio de 145 pp. (idem); e, somente agora, achome em condições de me aventurar ao passo decisivo, o concurso de cátedra, com uma monografia de 743 pp. (idem). Nesse ínterim, trabalhei como assistente de 1945 a 1954, sendo responsável pela direção de cadeira que ocupo apenas depois de 1955. Outros colegas, que militam em setores onde a competição costuma ser mai s árdua, enfrentam crivos ainda mais duros para a realização de suas carreiras. Isso evidencia, por si só, que dispomos de padrões próprios - a um tempo: adequados, altamente seletivos e exigentes, para forjar mecanismo auto-suficientes de organização e de supervisão.

Não obstante, acato as determinações que e não está em meu alcance modificar. Porquê? Por uma razão muito simples. Nada tenho a ocultar ou a temer, em tendo o q e seria improdutivo enfrentar de outra forma t al vicissitude. A nossa Escola, por ser inovadora e por ter contri buído de maneira poderosa para a renovação dos hábitos intelectu ais e mentais imperantes no Br asil, foi vítima de um processo de estigmatização que muito nos tem pre-

Cópia da carta que Florestan entregou em 1964 ao tenente-coronel Bernardo Schönmann, distribuída antes da detenção para os alunos da faculdade, que a fizeram chegar à imprensa.

Florestan reencontra as filhas Heloísa e Noêmia após a prisão, em 1964.

No canto inferior esquerdo, Florestan, durante manifestação em defesa de mais verbas para o ensino público e vagas na universidade, em março de 1968.

INTERNATIONAL JOURNAL

Published Quarterly by the Canadian Institute of International Affairs
31 Wellesley Street East, Toronto 284, Ontario

FF-PI / VA-Toronto

September 22, 1971

☒ Review   in INTERNATIONAL JOURNAL
☐ Notice

length   300-400 words   (350)

by   February 1, 1972

The Editors regret that the rising cost of publication necessitates stringent control of the length of the Journal. We therefore stress that we may be obliged to reduce reviews more than 50 words over the requested length to the number for which we originally asked.

Professor Florestan Fernandes   "Catholic Radicals in Brazil"

A sobrevivência no exílio: Florestan escreve resenha sobre radicais católicos do Brasil para periódico em Toronto, 1971.

31a. Reunião Anual
Fortaleza, Ceará
11 a 18 de julho de 1979

SOCIEDADE BRASILEIRA PARA O PROGRESSO DA CIÊNCIA

ATESTADO

Atestamos que F. FERNANDES
compareceu a 31a. Reunião Anual da Sociedade Brasileira para o Progresso da Ciência
e participou do Debate "BRASIL-ANOS 70: OS INTELECTUAIS E A REPRESSÃO"

Comissão Executiva
31a. Reunião Anual

Certificado de participação em debate promovido pela Sociedade Brasileira para o Progresso da Ciência, em 1979: repressão política e papel dos intelectuais em pauta.

Material de propaganda da primeira candidatura a deputado federal, em 1986.

Crachás de Florestan em encontros petistas: participação ativa na vida partidária, representando a fração mais à esquerda, em geral minoritária.

Capa do texto "Em defesa do socialismo", utilizado na campanha para reeleição a deputado, em 1990. Abaixo, "dobradinha" com Ivan Valente, que apoiaria na disputa por uma vaga na Câmara Federal em 1994.

Florestan com Plínio de Arruda Sampaio, em 1990, quando o colega de bancada petista na Constituinte disputou, pelo PT, o posto de governador de São Paulo.

Florestan, Florestan Jr., Caio Prado Jr., Maria Cecília Naclério Homem e Carlito Maia no primeiro comício por Diretas-Já!, em São Paulo. Praça Charles Müller, Pacaembu, novembro de 1983.

Em julho de 1984, durante greve na USP, ao lado de Clodowaldo Pavan, José Leite Lopes e Marilena Chauí.

José Dirceu, Florestan, Frei Betto e Octavio Ianni, entre outros: a educação em Cuba é tema de debate no Centro Cultural São Paulo, em 1984.

Em 1988, ato contra a política educacional do governo Quércia. Na mesa, Marilena Chauí, Hélio Bicudo e dirigentes das entidades de professores e estudantis.

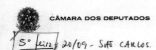

"Agenda" da campanha de 1990: na disputa pela reeleição, debate em São Carlos sobre a atualidade do socialismo, após a queda do Muro do Berlim; abaixo, programação de encontro do Dia Nacional da Consciência Negra.

Em defesa do marxismo como método de interpretação e como instrumento de ação "dos de baixo" e dos "deserdados": o debate previsto para a sala dos estudantes foi, devido ao grande número de ouvintes, transferido para o salão nobre da São Francisco.

Contra a intolerância, o arbítrio e a discriminação: Florestan repudia expulsão de petistas da Convergência Socialista, em 1992.

> "Em minha opinião, os petistas da Convergência Socialista têm demonstrado lealdade e dedicação ao partido. Como prevalece o pluralismo como princípio básico, e suas diferenças específicas se manifestam como expressão do socialismo operário, não podem ser acusados de facciosismo, divisionismo ou dogmatismo. Outras correntes moderadas, socialistas ou social-democráticas, nunca são denunciadas. Ao contrário, elas dão o toque do "humanismo" do PT, do seu padrão de "democracia interna" e do "estilo petista de governar". Seria um escândalo se o centro e a direita do PT dispusessem de prerrogativas políticas e ideológicas exclusivas. Isso o caracterizaria como um partido oligárquico, portador de uma teoria constitutiva democrática em contradição com uma prática corrente autoritária. Por isso, considero a Convergência Socialista como uma tendência igual às outras, com os mesmos direitos e deveres; e sou contra restrições ou punições que sejam, em sua essência, intolerantes, arbitrárias e discriminatórias".
>
> *Florestan Fernandes*
>
> 16 de abril de 1992

Com José Genoino e Lula em manifestação do partido em Brasília, durante a Constituinte.

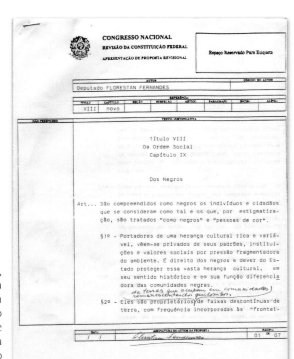

Questão do negro, uma bandeira histórica: Florestan desobedece decisão da bancada do PT e apresenta emenda na revisão constitucional.

Última imagem de Florestan, feita a pedido do jornalista
Paulo Moreira Leite, dois dias antes do transplante.

O sociólogo desarmado

Em Yale, Florestan vive um exílio forçado pela aposentadoria compulsória da USP, ocorrida em 1969.

> Por menor – e mais melancólico – que seja o aproveitamento dos cientistas sociais nos processos de transformação das coletividades humanas (...)
> *A revolução burguesa no Brasil*

Quando ocorre o golpe militar, na virada de março para abril de 1964, Florestan Fernandes estava preparando-se para pôr um ponto final no seu extenso e mais recente trabalho, este essencialmente "acadêmico": *A integração do negro na sociedade de classes*, uma volumosa análise que, de certo modo, completa a pesquisa realizada com Roger Bastide, por encomenda da Unesco, uma década e meia antes. A tese, que seria defendida em outubro para a obtenção da cátedra de Sociologia I (a nota explicativa do enorme volume diz que o trabalho "teve de ser elaborado um tanto às pressas, entre janeiro de 1963 e abril de 1964", e leva a data de 10 de abril), é definida por Florestan como sendo, "em sentido literal", "um estudo de como o Povo emerge na história"[1]. É nessa obra que Florestan ataca diretamente o mito da democracia racial, ao estudar a maneira pela qual a nova ordem social estabelecida com o fim da abolição levou a um desajustamento estrutural de toda uma população, marginalizando o negro no processo de consolidação do capitalismo no Brasil.

---
[1] *A integração do negro na sociedade de classes*, v. 1, p. 9. A obra seria publicada em inglês e em alemão e premiada nos Estados Unidos em 1969.

A burguesia brasileira, que fora o grande motor dessa cruel "modernização conservadora", voltava a mostrar suas mais afiadas garras. A resistência às reformas de base, entre elas a reforma educacional e a reforma agrária, articulara-se rapidamente e fora capaz de, com uma mobilização militar sem nenhuma oposição minimamente efetiva, derrubar o frágil governo João Goulart, estancando o processo de agitação e de avanços sociais que se anunciara, chegara a ser ouvido, mas que não se cumpriria naqueles infelizmente apenas promissores anos 1960. O golpe militar de 1964 marcaria profundamente não só a vida profissional e pública de Florestan Fernandes, mas também sua vida pessoal, visto que as coisas não pareciam andar muito fáceis (pela primeira vez, ele dedica um livro desse porte a familiares, na verdade, a toda a sua família, a quem dirige um verdadeiro pedido de desculpas: "Espero que encontrem em suas páginas motivos para relevarem as minhas falhas e me quererem bem"[2]). A Universidade de São Paulo, que efetivamente se constituíra num foco de confronto entre progressistas e conservadores, alimentando intelectualmente o debate político, se tornaria, rapidamente, um espaço a ser reprimido e controlado pelos militares e por seus "representantes" no meio acadêmico. Florestan e sua cátedra de Sociologia I, pelo que representavam antes do golpe em termos de defesa de mudanças e passaram a representar na contestação ao novo regime, foram, rapidamente, considerados perigosos e entraram na mira dos militares, que se mostraram muito bem preparados para o papel de organizar transformações políticas e econômicas à custa da violência que fosse preciso mobilizar contra quem resistisse.

No Departamento de Ordem Pública e Social (Deops), a presença do nome Florestan em uma quantidade enorme de relatórios mostra o quanto o sociólogo era visto como um problema

---

[2] Ibidem, v. 1, p. 5.

pelas autoridades. Num prontuário, entre as informações que traz anteriores ao golpe, consta que em 1961 ele teria feito parte de uma comissão de coletores de assinaturas em defesa da legalização do PCB, que o professor catedrático se batia pelas reformas de base e contra as instituições privadas de ensino e que fora eleito para a diretoria da União Cultural Brasil–União Soviética em 1963. Pelo menos nesse documento, não há menção, por exemplo, à sua posição quanto à proposta, defendida pelos alunos, da administração proporcional paritária de estudantes, funcionários e professores nos colegiados da Universidade de São Paulo, o que motivou uma greve em 1962[3], e da defesa, por parte de seu grupo, da instituição de uma carreira docente que acabasse com o poder absoluto do catedrático na universidade. Outro relatório, em que consta a delação por parte de um colega da universidade, Florestan é definido como um homem "dotado de ambição sem limites, desleal, despatriado, amoral e revoltado com sua humilde origem (filho de lavadeira)".

O acompanhamento das atividades de Florestan pela polícia política remonta à década de 1940. Mas ele se intensifica na década de 1960. Em 1984, quando a USP completou seus cinquenta anos, Florestan relembraria num pequeno livro sobre a universidade a maneira pela qual, na reta final da campanha em defesa da escola pública, ainda em 1962, foi abordado por um coronel. O militar pedia-lhe que fizesse uma conferência para os oficiais do Estado-Maior do II Exército. Depois de algumas tentativas de se desvencilhar de mais uma tarefa, Florestan acabou aceitando dar, com seus assistentes Fernando Henrique Cardoso e Octavio Ianni, um curso de seis aulas – a primeira, sobre o

---

[3] Segundo *O livro negro da USP*, p. 10, "aos professores mais conservadores, essa exigência significava nada menos que a implantação do comunismo na Universidade".

papel dos militares na sociedade brasileira, e a última, sobre os problemas das mudanças sociais no Brasil, seriam suas[4].

Para a primeira aula, foi buscá-lo na faculdade o comandante do II Exército, o marechal Castelo Branco – que, em breve, se tornaria o primeiro presidente da ditadura militar.

> Não me intimidei e dei o meu recado impavidamente. O núcleo da exposição era simples: não se podia coibir os militares de desempenhar papéis em todos os setores institucionais da sociedade. Era preciso, em conseqüência, que ou o ensino que eles recebiam de modo fechado sofresse uma revolução, ou que eles freqüentassem as escolas de ensino superior, nas quais poderiam calibrar melhor seus talentos para funções tão variadas. A discussão foi azeda, mas educada.

O intuito dos cursos que foram sendo organizados nesse período pelo II Exército não era, como imaginara inicialmente Florestan, ouvir os intelectuais e debater com eles, mas, sim, e sobretudo, identificar aqueles que poderiam ser recrutados para que viessem a exercer a tarefa de "braço civil" de uma insurreição militar que estava por vir[5].

Alguns meses depois, diante de um impasse na campanha em defesa da escola pública, Florestan foi quem tomou a iniciativa de falar com os militares, procurando o mesmo coronel – que, inicialmente, negou a possibilidade de voltar a dar voz a Florestan. Numa solução negociada, dessa vez o sociólogo não falou oficialmente no II Exército, mas num anfiteatro de um antigo prédio da Segunda Região Militar.

> Fiz a conferência padronizada, com maior cuidado e com maior gana política. Os debates continham uma nova surpresa. Os oficiais constituíam o auditório mais articulado com o qual me defrontara ao longo de cinqüenta e tantas conferências análogas.

Defendendo o ensino pago e comercializado, "e as posições mais ultraconservadoras e privatistas que nem o clero ousava

---
[4] *A questão da USP*, p. 90.
[5] Ibidem, p. 91.

tomar no patrocínio do projeto de lei", os militares conservadores deram um banho nos "nacionalistas" e "esquerdistas", que se limitaram a fazer uma defesa *pro forma* da escola pública. Não é preciso dizer que as falas de Florestan não agradaram à maior parte da platéia – a outra, desarticulada, não estava pronta para um debate à altura. Não possuía, segundo Florestan, "nível intelectual para competir com os outros colegas. Tudo incrível e chocante"[6].

Analisando o que ocorreu naqueles anos, Florestan diria que a sua radicalização e a de seus colegas no início dos anos 1960, que assustou os círculos conservadores, possuía "um fundamento intelectual, não nascia de um movimento político". Não era uma intransigência do tipo marxista-leninista ou socialista ou proudhoniano, insiste. "Era uma intransigência específica, inerente à responsabilidade ou implicitamente assumida: o intelectual como cientista, o intelectual como professor."[7]

Isso, no entanto, para o novo regime, era uma sutileza que não seria levada em conta. No início de setembro de 1964, um inquérito policial militar já havia sido instaurado junto à Faculdade de Filosofia, Ciências e Letras, depois de uma intensa circulação de listas com propostas de expurgos entre os intelectuais. O nome de Florestan chegou a ser retirado de uma delas, a pedido do jornalista Júlio de Mesquita Filho, mas voltou a figurar entre os professores a serem intimidados[8]. Assim, naqueles dias, o objetivo dos militares era serem o mais ostensivos possível. "Por exemplo, eu era procurado no Centro de Pesquisas Educacionais quando sabiam que eu não poderia estar lá, ou na Faculdade de Filosofia, quando certamente eu

---

[6] Ibidem, p. 92-3.

[7] *A condição de sociólogo*, p. 56.

[8] *A questão da USP*, p. 99. Posteriormente, Florestan teria se queixado com Júlio de Mesquita Filho, dizendo que ele, apesar de ser seu amigo, não tinha o direito de interceder perante os militares em seu favor e que Florestan, em situação inversa, não faria o mesmo (cf. depoimento de Florestan Fernandes Jr. e entrevista a Paulo Moreira Leite).

estaria em casa ou no Centro", conta Florestan. O truque foi aplicado a vários de seus colegas. Pouco mais à frente, os métodos se sofisticariam, para fazer o pânico circular e "derrotar o adversário sem luta ou com o mínimo de luta, como se se tratasse de aplicar ao 'inimigo interno' as normas da guerra"[9].

A inquirição nesse ambiente não era, não podia nem precisava ser, exatamente, um primor de sofisticação policial. Segundo a cobertura dos jornais naqueles dias, os professores da Universidade de São Paulo eram chamados a responder "perguntas infantis sobre os símbolos nacionais", o que torna o quadro bastante pitoresco, mas pode esconder o essencial. Se pareciam não ter muito o que perguntar num IPM que, de fato, não tinha muito o que apurar, o objetivo dos militares era claro, cristalino: domar todo um centro de reflexão que, personificado por algumas figuras públicas, parecia fazer questão de manter uma integridade e uma independência políticas potencialmente perigosas para os novos donos do poder.

Florestan compreendeu muito bem o significado de ser chamado para depor no inquérito e resolveu transformar a situação num problema para os militares. Durante o longo interrogatório, teria sido pedido ao professor da USP que cantasse um trecho do final do hino nacional[10], mas o fato mais significativo ocorrido foi a entrega, pelo sociólogo, ao responsável pelo inquérito, o tenente-coronel Bernardo Schönmann, de uma carta intitulada "Autodefesa", em que questionava o sentido da convocação.

Na carta, Florestan afirma que foi com "indisfarçável desencanto e com indignação" que viu as escolas e os institutos da Universidade de São Paulo serem incluídos na rede de investigação sumária "policial-militar" que visava a "apurar os antros de

---

[9] *A questão da USP*, p. 97.
[10] Florestan argumentou que não tinha voz e limitou-se a recitá-lo, teria apurado a *Folha de S.Paulo*, 12/9/1964.

corrupção e os centros de agitação subversiva no seio dos serviços públicos mantidos pelo Governo Estadual"[11]. O texto argumenta que a ética e a própria dedicação ao trabalho universitário não permitiam a atuação e a pregação político-partidária e que os que recorrem a meios ilícitos de enriquecimento e aumento do poder "afastam-se, cuidadosa e sabidamente, da área de ensino (especialmente do ensino superior)". E continua:

> Vendo as coisas desse ângulo (e não me parece que exista outro diverso), recebi a convocação para ser inquirido "policial-militarmente" como uma injúria, que afronta a um tempo o espírito de trabalho universitário e a mentalidade científica, afetando-me, tanto pessoalmente quanto na minha condição de membro do corpo de docentes e investigadores da Universidade de São Paulo.

A carta diz ainda que "a nossa escola",

> [...] por ser inovadora e por ter contribuído de maneira poderosa para a renovação dos hábitos intelectuais e mentais imperantes no Brasil, foi vítima de um processo de estigmatização que muito nos tem prejudicado, direta e indiretamente. Não podendo destruir-nos, os agentes da estagnação cultural optaram pela difamação gratuita e pela detração sistemática.

A carta de Florestan era realmente dura, especialmente naquele contexto, mas era principalmente firme. Diz, por exemplo, que, ao aceitar depor, seu autor não o fazia por transigência ou omissão. "Como no passado, continuo e continuarei fiel às mesmas normas que sempre orientaram o meu trabalho como intelectual e professor, como pesquisador e como cientista." Mais à frente, ele completa: "Não desertei nem desertarei dessa luta, a única que confere à Universidade de São Paulo grandeza real, como agente de um processo histórico que tende a incluir o Brasil entre as nações democráticas de nossa era".

---

[11] A carta foi publicada pela primeira vez na íntegra em *A sociologia no Brasil*, p. 209-12, de onde foram retiradas as citações aqui utilizadas.

O papel, que Schönmann foi sublinhando com uma caneta vermelha durante o depoimento[12], e a defesa que fazia da democracia cumpriram, objetivamente, a função de incomodar os militares. É praticamente unânime nos relatos que seu teor levou à detenção de Florestan. O próprio tenente-coronel disse à imprensa que esse fora o motivo de sua prisão no dia 11 de setembro, por volta da uma e meia da tarde, na sede da FFCL da rua Maria Antonia, depois que Florestan se negou a retirar a carta (um pedido feito pelo diretor da faculdade, Mário Guimarães Ferri) e distribuiu, discretamente, cópias para os estudantes, que a divulgaram na imprensa[13]. A família não foi informada sobre o lugar para o qual Florestan fora levado. Myrian colocou os filhos no carro e foi à porta da casa do militar que havia prendido Florestan. Pressionado pela mulher, ele acabou informando que Florestan estava detido na Sétima Companhia de Guardas, na avenida Tiradentes, mas Myrian não conseguiu vê-lo antes que fosse solto[14].

A detenção de Florestan, noticiada, gerou uma comoção na rua Maria Antonia. As aulas foram suspensas sem que nenhuma greve fosse convocada. No dia 14 de setembro, após três dias

---

[12] *A questão da USP*, p. 100.

[13] Em *A questão da USP*, Florestan reconstitui o ríspido diálogo com Ferri, que, segundo diz, não interferiu nas boas relações que tinha com o diretor: "Ele evocou o fato de que eu estava pensando em mim, quando deveria pôr em primeiro lugar a cadeira de Sociologia I, com dezenove pessoas postas em risco por minha causa. Retruquei que não me cabia dar mau exemplo a assistentes e auxiliares. Então, ajuntou: 'Lembre-se de sua família. Você tem muitos filhos e não pode agir sem pensar nas conseqüências dos seus atos'. Respondi de pronto: 'Os meus filhos, a minha esposa e a minha mãe vão ficar orgulhosos de mim, aconteça o que acontecer, e eles já estão prevenidos. Por fim, chegou a vez de evocar a Faculdade, a qual eu não podia envolver em uma questão pessoal. Disse-lhe, de pronto: 'Sou obrigado a fazer o que faço porque a Faculdade se omitiu. Cabia à Faculdade repelir a afronta desse inquérito policial militar, não à mim'" (p. 100-1).

[14] Conforme depoimento ao autor.

na prisão, Florestan foi liberado, ainda pela manhã. Passou em casa, tomou um banho e com o filho Florestan Jr. foi para a faculdade. Ao chegar no saguão de entrada, os alunos foram ao seu encontro. Aparentemente sem nenhuma combinação, mas talvez influenciados pela notícia da *Folha de S.Paulo*, começaram a cantar, comovidos, o hino nacional[15].

Florestan não estava sozinho na USP, nem os militares estavam sozinhos contra os professores mais progressistas. Em 1963, fora eleito reitor da Universidade o professor da Faculdade de Direito Gama e Silva, que participara da conspiração contra o regime de Jango a ponto de, nos primeiros momentos da "revolução", assumir, provisoriamente, as pastas da Justiça e da Educação[16]. Ainda em 1963, Gama e Silva, que se dirigia a Florestan como "mestre", chamara o sociólogo para conversar e queixar-se de que ele havia posto "conceitos muito perigosos" em circulação com o livro *A sociologia numa era de revolução social*[17].

Até 1964, porém, Gama e Silva ainda dependia do apoio de um conselho universitário ligado ao reitor anterior, Ulhôa Cintra. Com a consolidação do "novo regime", iniciou-se uma verdadeira política macarthista, que não encontrou freio ou amortecedor na reitoria da Universidade. Pelo contrário: Gama e Silva nomeou, sem comunicar o Conselho Universitário, uma comissão especial para apurar "atividades subversivas" na USP, cujas conclusões alimentaram o IPM junto às faculdades e escolas da USP e acabariam vazando para a imprensa em 9 de outubro de 1964, nas páginas do *Correio da Manhã*. O relatório, reproduzido em fac-símile pelo jornal[18], afirma "serem realmen-

---

[15] Antonio Candido e Florestan Jr. narraram o fato, com contornos semelhantes, ao autor.

[16] *O livro negro da USP*, p. 11.

[17] *A condição de sociólogo*, p. 55.

[18] Com a assinatura dos membros da comissão: Moacyr Amaral dos Santos (Direito), Jerônimo Geraldo de Campos Freire (Medicina) e Theodoreto I. de Arruda Souto (Escola Politécnica).

te impressionantes as infiltrações de idéias marxistas nos vários setores universitários, cumprindo sejam afastados daí os seus doutrinadores e os agentes dos processos subversivos", defendendo a supressão de direitos políticos de 52 pessoas – 44 professores. Entre eles, figurava Florestan. Em 1964 ainda, haveria prisões na Faculdade de Arquitetura e Urbanismo e demissões na Faculdade de Medicina, estas promovidas graças ao apoio e mesmo à pressão dirigida ao governador Adhemar de Barros por parte da congregação da instituição[19].

Um mês e meio depois do golpe de Estado, em 15 de maio de 1964, o jornal *O Estado de S. Paulo* publicou uma longa carta de Paulo Duarte, em que este descreve fatos que vinham ocorrendo na USP, criticando duramente os excessos cometidos no breve período. Diz o texto, por exemplo, que, se a prisão do físico e professor universitário Mário Schenberg, que nunca escondeu suas ligações com o Partido Comunista, era compreensível, uma vez que outros intelectuais sem nenhuma atuação política militante, como Celso Furtado e Anísio Teixeira, também já haviam sido atingidos, "não pode passar pela cabeça de nenhum homem de bem, mesmo dos que ocupam posição alta no presente", que, "para prender-se aquele professor, tivesse sido necessário depredar a sua biblioteca, objetos de arte, como quadros que guarneciam sua casa, sob o pretexto de 'procurar planos subversivos'". Paulo Duarte vai além, narrando outros casos de violência contra a universidade, como a invasão da FFCL para uma busca "de documentos subversivos numa sociedade de estudantes": "Mas o que ninguém poderá compreender é que a polícia aí penetre menos para investigar do que para depredar, para destruir instalações, inclusive máquinas de escrever, dando à Faculdade de Filosofia um prejuízo que vai a cerca de 10 milhões"[20].

---

[19] Cf. *O livro negro da USP*.
[20] Ibidem, p. 12-3.

Um breve jogo de palavras: a reação de Florestan à reação foi oposta à reação esperada pela reação. Em vez de aliviar as tensões, ele preferiu reforçá-las. Em vez de resguardar o militante que havia dentro do intelectual, deixou o intelectual dar energia ao militante. Não foi o único, volto a dizer. Mas, afinal de contas, este livro é sobre ele.

Entre 1964 e 1969, Florestan só fez radicalizar suas intervenções. Ainda em 1964, Fernando Henrique Cardoso, naquele momento bastante visado (era um dos primeiros nomes da tal lista elaborada pela comissão especial), aceitou um convite para dar aulas no Chile, feito inicialmente a Florestan[21]. No ano seguinte, Florestan passaria o segundo semestre nos Estados Unidos, para ministrar um curso na Universidade de Columbia (Nova York), o que ajudaria a livrá-lo de um novo pedido de prisão. Em 3 de setembro daquele ano, sua prisão preventiva é decretada e revogada no mesmo dia. Seu advogado, Saulo Ramos, argumenta que, se a "revolução" de 1964 fosse comunista, Florestan seria acusado de manter vínculos com instituições de ensino de países imperialistas[22].

Mas Florestan resolveu fixar-se no Brasil e passou a se posicionar sobre vários assuntos, com uma tendência a ser cada vez mais duro e crítico em suas intervenções. Quando chegamos a 1968, a fala do sociólogo é invocada constantemente para combater o regime. Quando a temperatura começou a esquentar naquele ano, não era difícil encontrar o nome de Florestan nos jornais. Apenas como ilustração: no dia 30 de março, era notícia na *Folha de S.Paulo* o fato de Florestan ter retirado um pedido de demissão que apresentara na USP poucos dias antes. O motivo do pedido fora a acusação de que Florestan teria apoiado uma tenta-

---

[21] Florestan Jr. diz que seu pai chegou a assinar como se fosse Fernando Henrique um pedido de licença, para evitar que seu assistente perdesse o cargo. Fernando Henrique diz não se lembrar do episódio, embora julgue que possa ter ocorrido algo nesse sentido, uma vez que deixou o país rapidamente.

[22] *Folha de S.Paulo*, 14/3/2004.

tiva de invasão da Congregação por parte de estudantes que pediam o ingresso de alunos excedentes. Os colegas da cadeira de Sociologia I e do Cesit ameaçaram acompanhar Florestan no pedido, o que o levou a recuar. Depois de explicar o que considera ter sido um erro, Florestan reafirma-se um defensor da orientação "de responsabilidade ativa do intelectual perante os problemas do seu país ou da humanidade" e adepto da "filosofia política socialista", que forneceria, na sua opinião, "a solução dos dilemas humanos de nossa era". No dia seguinte, 31 de março, quando o golpe militar festejava seu quarto aniversário, os leitores do carioca *Correio da Manhã* recebiam da sucursal paulista uma matéria intitulada "Sociólogo analisa violência militar", em que Florestan é chamado a falar sobre a morte do estudante Edson Luís no restaurante Calabouço, no Rio de Janeiro, que daria início a uma série de protestos estudantis. Narra o *Correio*: "O professor Florestan Fernandes disse que, quando leu a notícia, ficou estupefato, 'pois me pareceu uma violência estúpida. É preciso ressaltar que isso é uma conseqüência de ingerência militar em assuntos que não afeitos às Forças Armadas'". Florestan diria, na mesma entrevista, que "vão ocorrer outros fatos da mesma natureza e só há uma maneira de pôr termo à presente situação":

> Ela consiste em lutar contra o comportamento fascista do setor militar que empolgou o Governo. Acho que o povo brasileiro precisa levantar-se contra esse tipo de opressão, como já fez contra a ditadura do Estado-Novo. Se os militares não aceitarem a normalização democrática, nós teremos de impô-la mesmo que seja à força. Esse é o sentido da atual situação que exige de cada cidadão a coragem de opor-se à violência, se for preciso, apelando para a violência.

Como se vê, Florestan transformara sua enorme reputação como sociólogo e a cadeira que ocupava na USP numa pequena fortaleza contra a ditadura. Desatrelado desde o final dos anos 1940 de organizações políticas, Florestan atuava como um combatente denodado, um "militante solitário", como viria a ser chamado. Suas conferências sobre a reforma universitária feitas em 1968, em franca oposição aos projetos conduzidos pela ditadura[23], resultariam num livro, *Universidade brasileira: reforma ou revolução*, que só seria publicado em 1975.

Mas a sensação de que um golpe fatal estava a caminho pode ser sentida numa carta à socióloga Barbara Freitag, datada de 4 de novembro de 1968. Nela, Florestan narra o conflito entre os estudantes da FFCL e os direitistas do Mackenzie, "ou melhor, do CCC (Comando de Caça aos Comunistas)", ocorrido em outubro de 1968. O tom de impotência fica evidente. Florestan diz que o conflito, em um dia, "foi localizado", mas que, no dia seguinte, "os jovens da extrema direita atacaram rijo, com a polícia espiando e apoiando como se a faculdade fosse um parque de tiro ao alvo". Melancólico, ele continua: "Destruíram tanta coisa, de cortar o coração. Fiquei furioso. Mas nada pude fazer – nem posso nem poderei. O remédio não está em responder ódio com ódio. Mas em corrigir a sociedade brasileira". Mais à frente, na mesma carta, Florestan lamenta-se:

> A luta atual está entre o meio fascismo (o fascismo disfarçado existente) e o fascismo declarado, que a extrema direita quer impor ao país. É difícil ter êxito político em tal contexto, principalmente porque a violência faz parte da opressão organizada, manipulada a partir de cima pelas classes no poder.[24]

A ditadura sabia que tinha em Florestan um inimigo, e com a vitória do fascismo declarado, com o Ato Institucional nº 5, em 13 de dezembro, chegara a hora de desarmar todos os inimigos existentes ou imaginários, quaisquer que fossem suas armas. Em 28 de abril de 1969, um decreto datado do dia 25 é publicado, aposentando compulsoriamente 42 pessoas, entre elas Florestan Fernandes, João Batista Villanova Artigas e Jaime

---

[23] Não cabe aqui discutir essa reforma, que foi realizada abrindo mais espaço para o ensino privado, mas também incorporando astutamente reivindicações dos professores, como o fim da figura do professor catedrático.

[24] Reproduzida em *Estudos Avançados*, nº 26, p. 144.

Tiomno, professores da Universidade de São Paulo. Um detalhe é que o decreto supostamente aposentava os listados nos órgãos da Administração Pública Federal – embora a USP fosse e seja ligada ao Estado de São Paulo, e não à União. O erro flagrante "parece indicar que esses três nomes foram incluídos para 'aproveitar o decreto'", avaliam os autores do *Livro negro da USP*. "A aposentadoria desses três professores provocou o imediato protesto do Vice-Reitor em exercício, o Prof. Hélio Lourenço, que substituía o reitor Gama e Silva, então afastado para exercer o cargo de Ministro da Justiça." Gama e Silva assinava, com o presidente Castelo Branco, o decreto criticado. No dia 30 de abril, era publicado um novo, novamente assinado por Gama e Silva, aposentando Hélio Lourenço e mais 23 professores – entre eles, Octavio Ianni, assistente de Florestan, e Fernando Henrique Cardoso, a essa altura, catedrático na área de ciência política.

Vários estudiosos fizeram inúmeros recortes da obra de Florestan. Há os que dividem sua obra em décadas, apontando características que foram sendo reforçadas ou apagadas com o tempo. Há os que o dividem tematicamente: os estudos antropológicos, sociológicos, epistemológicos, econômico-políticos e essencialmente políticos. Há ainda quem prefira ver a unidade, ou seja, o que há de comum, e nesse caso é possível distinguir em grande parte de suas pesquisas a preocupação com fatos sociais da cidade de São Paulo. Mas há uma clivagem que, num perfil como este que vamos traçando, merece uma atenção especial, porque, se não inteiramente precisa, num autor complexo como Florestan, ela ajuda a entender a marca indelével que 1964 e, especialmente, a aposentadoria compulsória em 1969, depois do Ato Institucional nº 5, deixaram nos escritos do sociólogo.

A socióloga Barbara Freitag divide a obra de Florestan em dois grandes períodos: um acadêmico-reformista, anterior ao AI-5, e uma posição "político-revolucionária", no período que se seguiu. Para ela, os primeiros trabalhos de Florestan, especialmente os dedicados à reflexão teórica da sociologia, deixam transparecer um Florestan que professa uma "fé na capacidade da razão e da ciência de captar a dinâmica do processo histórico e nele interferir, atribuindo aos intelectuais e cientistas um papel social preponderante". Freitag aponta como principais afinidades de Florestan nesse período "a concepção teórica de Karl Mannheim e Hans Freyer, sobretudo no que diz respeito às suas propostas do planejamento social"[25].

Nos dois eixos temáticos dessa primeira fase – a análise antropológica do índio brasileiro e o estudo pormenorizado da realidade brasileira –, "fica clara a posição reformista de Florestan". Após análises brilhantes, afirma ela, o autor sugere, como pensador e crítico de horizonte amplo, reformas de base que permitissem na sociedade brasileira de então a concretização do modelo democrático, assegurando igual acesso de todos às escolas, ao mercado de trabalho, ao saber e aos bens materiais e culturais de consumo.

A solução dos problemas brasileiros é proposta considerando uma visão "que teríamos de chamar *liberal-democrática*" e a função do cientista, intelectual e educador consistiria em denunciar os obstáculos que impedem o acesso de certas camadas ou classes sociais, grupos étnicos e minorias religiosas aos bens materiais, sociais e culturais, lutando, com a palavra oral e escrita, pela igualdade efetiva de oportunidade para todos[26].

---

[25] *O saber militante*, p. 165. Para Heloísa Fernandes, Mannheim é o sociólogo com quem Florestan mais se identificou durante toda a vida. Mesmo quando as teorias de Marx e Lenin passaram a ser suas referências mais constantes, a concepção de que o intelectual devia participar da construção de uma sociedade planejada encontrava raízes em Mannheim. Numa frase sintética, José Carlos Reis dirá que "Mannheim é o seu modelo" (*As identidades do Brasil*, p. 207), ecoando Octavio Ianni: "Dentre todos [os clássicos da sociologia clássica e moderna], sobressai Mannheim" (*O saber militante*, p. 19).

[26] *O saber militante*, p. 166.

Tal posição teria ficado explícita justamente na campanha pela defesa da escola pública.

Nessa fase, para Freitag, Florestan é "liberal" e "tolerante" no campo da teorização sociológica, uma característica que dará lugar após o AI-5 a um autor explicitamente socialista, mais preocupado em abrir caminhos para uma verdadeira revolução socialista no Brasil do que em realizar "análises sociológicas corretas (do ponto de vista descritivo)"[27]. Florestan abandona a posição idealista-racionalista do sociólogo que acredita poder provocar mudanças sociais por intermédio de sua análise racional e objetiva das contradições e dos dilemas sociais em "favor de uma concepção histórico-materialista dos processos societários". Freitag escreve:

> A dinâmica desses processos, longe de ser percebida como engendrada por elites de intelectuais e tecnocratas, é vista como sendo expressão de uma luta de classes que resultará num movimento revolucionário autogerado e sustentado pelos oprimidos.

O discurso do intelectual expulso da universidade abandonaria definitivamente a proposta mannheimiana de sociedade democrática planejada para admitir que o processo histórico é carregado pelas classes sociais, que em sua luta pela hegemonia alcançam ou não o controle do processo em que estão mergulhadas[28]. José Paulo Netto, no mesmo encontro em que Freitag expôs sua tese, faz uma avaliação semelhante, ao afirmar que, entre 1964 e 1968,

> Florestan ultrapassa o terreno da Sociologia (nos termos de "ciência concreta") e franqueia a fronteira do socialismo *revolucionário*. Deixa de ser um sociólogo; converte-se em pedagogo da revolução. Foi a contra-revolução (burguesa) que situou Florestan no eixo da revolução (proletária).[29]

---

[27] Ibidem, p. 167.
[28] Ibidem, p. 169.
[29] Ibidem, p. 295.

Florestan, a sua maneira, obedece a essa lógica na organização de *A sociologia no Brasil*, ao dividir a obra em duas grande partes: uma intitulada "Os quadros de formação" e a outra intitulada "Os quadros de ruptura". Na segunda parte, encontra-se o capítulo "A geração perdida", em que o sociólogo afirma que ficou perturbado ao descobrir que pertencia a uma "geração perdida", "um conjunto de intelectuais que enfrentou os seus papéis e, em sentido concreto, cumpriu suas tarefas", mas que, nem por isso, "chegou a atingir seus objetivos e a ver seus talentos aproveitados pela sociedade"[30], revelando, mais uma vez, sua frustração diante do potencial reformador que imaginava existir na sua geração e na sua profissão.

A aposentadoria da Universidade de São Paulo tirou Florestan do lugar em que o sociólogo investira as suas mais sinceras e criadoras energias. Não é de estranhar, assim, que ele tenha entrado também, nesse período, não apenas num processo de redefinição teórica e prática, mas também numa crise pessoal, existencial mesmo, deslocado violentamente de seu mundo. A aposentadoria proporcional representava uma redução "substancial da renda" e a necessidade, portanto, de aceitar novos trabalhos de natureza intelectual, o que foi dificultado pelo Ato Institucional nº 10, que barrou as portas de instituições de ensino e de pesquisa aos aposentados[31]. Florestan, que, imaginando o pior, aceitara o convite para lecionar em Toronto (Canadá), mudara-se para lá ainda em 1969. A família discutiu se partia toda para o exílio ou se Myrian e os filhos mais novos ficavam aqui. Acabou prevalecendo a ida de Florestan, sozinho, para o exterior, o que certamente não foi uma decisão fácil. Em 1970, quando ficou claro que a estada de Florestan se prolongaria, Myrian escreve ao marido dizendo que poderia ir morar com ele no Canadá, e Florestan responde

---

[30] *A sociologia no Brasil*, p. 213.
[31] Barbara Freytag (org.), "Florestan Fernandes por ele mesmo", em *Estudos Avançados*, nº 26, p. 147.

dizendo que aceitava, mas que achava melhor conversar sobre o assunto pessoalmente em São Paulo, porque "a vida é dura demais para ela e a família precisa mais dela que eu"[32].

Quanto à clivagem na obra de Florestan, Barbara Freitag diz que, nos anos 1970, começam a surgir os trabalhos de transição entre os "dois Florestan". Ela inclui *Sociedade de classes e subdesenvolvimento* e *A revolução burguesa no Brasil*, concluídos, respectivamente, em 1968 e 1974, nessa categoria.

A revolução burguesa no Brasil pode ser considerada uma das grandes obras de Florestan, porque representa, também, o mergulho mais evidente do autor no debate com outros intérpretes do Brasil. Com ele, Florestan torna-se, talvez até hoje, o último grande autor a travar um debate que se caracteriza sobretudo pelo uso do ensaio como forma de recuperar a história social e econômica brasileira.

Não é um livro fácil, ao contrário do que imaginava, inicialmente, ter feito seu próprio autor[33]. Dedicado aos seus colaboradores mais próximos na USP[34], nele o "ecletismo bem temperado"[35] de Florestan aparece mais claramente. No seu início, é possível reconhecer claramente o mesmo sociólogo de *Brancos*

---

[32] Ibidem, p. 149.

[33] "É preciso que o leitor entenda que não projetava fazer uma obra de 'Sociologia acadêmica'. Ao contrário, pretendia, na linguagem mais simples possível, resumir as principais linhas da evolução do capitalismo e da sociedade de classes no Brasil" (*A revolução burguesa*, p. 9).

[34] "À memória de Marialice Mencarini Foracchi e aos colegas e amigos a quem estive ligado mais intimamente, durante vários anos, na aventura comum de vincular a investigação sociológica à transformação da sociedade brasileira: Fernando Henrique Cardoso, Octavio Ianni, Luiz Pereira, Maria Sylvia Carvalho Franco, Leôncio Martins Rodrigues Netto, José de Souza Martins, Gabriel Cohn, José Cesar A. Gnaccarini e José Carlos Pereira" (p. 5). Na nota introdutória, Florestan agradece o entusiasmo de sua filha Heloísa Fernandes com suas reflexões e agradece o estímulo dos sociólogos Luiz Pereira, Fernando Henrique Cardoso e Atsuko Haga.

[35] Expressão de Gabriel Cohn, que deu título a seu artigo em *O saber militante* (p. 48-53).

e negros em São Paulo, por exemplo, fazendo um amplo levantamento histórico para lançar as bases dessa obra, que tenta pôr fim a um debate que a esquerda tinha dificuldade em superar: afinal, o Brasil teria ou não passado por uma revolução burguesa? Quando e como ela ocorreu? A burguesia teria surgido no país juntamente com a implantação da lavoura exportadora, como queria Caio Prado Jr., ou jamais teria existido, como defendia Nelson Werneck Sodré? Tal debate, para os partidos comunistas, por exemplo, era central, porque orientava a estratégia de aliança com setores sociais. Mas também, naquele momento, o livro tentava responder ao porquê de tanto conservadorismo e de tanta fragilidade da democracia entre nós, como sintetiza Miriam Limoeiro Cardoso[36].

Para Florestan, não é possível determinar exatamente o momento da revolução burguesa no Brasil, porque ela não seguiu o padrão das revoluções burguesas clássicas, a inglesa e a francesa, mas ela existiu. Assim, a revolução burguesa teria sido, no país, mais um processo do que um evento histórico, processo este iniciado com a Independência e aprofundado em alguns momentos, como a virada do século XVIII para o XIX e as décadas de 1950 e 1960. A conseqüência dessa "especificidade" da revolução burguesa brasileira, ocorrida na periferia do sistema capitalista mundial, seria uma burguesia que, embora tivesse sabido aproveitar as oportunidades, não precisou lutar abertamente contra o "setor velho" da economia, antes nasceu dele e o incorporou, adotando também métodos de dominação não-capitalistas. Em outras palavras, mais acadêmicas, "a ordem social competitiva" não significou o combate por parte dessa burguesia de elementos da "ordem social estamental". Tal processo teria como uma de suas conseqüências a possibilidade de que 1964 se tornasse realidade, o momento em que a burguesia toma o Estado para si e impõe, de forma autocrática, uma nova modernização, que aprofunda a dependência do país em relação aos centros capitalistas.

---

[36] *O saber militante*, p. 243.

Há muitas nuances, muitos conceitos e muita contradição explorada por Florestan, o que, por vezes, torna a obra, marcada pelas influências de Weber e de Marx, aparentemente contraditória e, para alguns, até sofismática[37]. O fato é que, numa interlocução com as leituras do passado brasileiro e do presente de então da América Latina (a teoria da dependência), Florestan faz a discussão dar um salto, mostrando que a democracia não integrava o cardápio de prioridades da revolução burguesa brasileira. Ou que, como diz Gabriel Cohn,

> [...] deixada a burguesia, numa sociedade como a brasileira, solta e à sua sorte, sua revolução, aquela que a leva a conformar a sociedade brasileira à sua imagem e semelhança, não tem como ser democrática, mas sempre estará sob o encanto da solução autocrática.[38]

Para abrir esse circuito fechado[39], em que não há avanço autônomo e progressivo das classes burguesas, novas forças históricas teriam de agir.

Em que pesem as várias tentativas de encontrar um novo espaço na academia e dos vários convites para cursos e palestras no exterior, o início dos anos 1970 parecem ter sido terríveis para Florestan.

A polícia, segundo lhe informara a filha Heloísa por carta, fora duas vezes a sua casa para prendê-lo no próprio ano de 1970. As possibilidades de emprego no Brasil não se apresentavam, e o sociólogo sentia-se dando "murros em ponta de faca", vendo-se "lançado no mercado, como mercadoria estimada em dólares", acreditando que suas técnicas estavam superadas "e que seria melhor vender sorvetes numa rua quente de São Paulo

---

[37] Cf. o texto de Paulo Roberto de Almeida, "O paradigma perdido", em *O saber militante* (p. 209-29).
[38] *Introdução ao Brasil: um banquete no trópico*, p. 412.
[39] Conceito que daria título a outra obra de Florestan publicada nos anos 1970.

do que ser professor de sociologia no Norte das Américas"[40]. Em 1971, escrevendo de Toronto, mostraria uma profunda decepção com a produção sociológica de seu tempo, afirmando que se aprende "mais lendo um bom artigo de orientação crítica – quando os jornalistas fazem uma descrição 'honesta' – ou um romance, do que se lendo obras de cientistas políticos, sociólogos e economistas de 'alto nível'"[41]. A vida em Toronto era "literalmente uma merda", mas, sem se encontrar com a própria profissão, em vias de deixar a cidade canadense, Florestan acreditava que trocaria uma merda por outra[42].

Curiosamente, foi em Toronto que Florestan, pela primeira vez, se ajusta "ao papel de sociólogo marxista, de maneira bastante dogmática"[43]. Segundo o relato de seus alunos, tal atitude não fazia parte de seus cursos na USP, prevalecendo a imagem do professor, digamos, "weberiano", que evita posicionamentos políticos e ideológicos. Fernando Henrique, talvez com alguma dose de exagero, diz que, certa vez, estava doente, com escarlatina, e Florestan bateu à sua janela na rua Nebraska criticando o uso do método marxista na sua tese de doutorado (que tem como epígrafe uma citação de Marx)[44]. No Canadá, contudo, "talvez como medida de autodefesa", Florestan tenta quebrar essa sobreposição de papéis, "que põe o sociólogo de um lado e o socialista de outro". Ainda segundo seu relato, os estudantes de Toronto, "pelo menos os estudantes de esquerda ou radicais", reagiram bem, o que permitiria que ele ficasse por lá, se quisesse[45].

---

[40] *Estudos Avançados*, nº 26, p. 150.
[41] Ibidem, p. 151.
[42] Ibidem, p. 155-6.
[43] *A condição de sociólogo*, p. 156.
[44] Em entrevista ao autor. Florestan não participou dos famosos seminários de Marx, ocorridos a partir de 1958, em parte porque os participantes evitaram contar com a figura de um professor já consagrado, que poderia abafar o debate.
[45] *A condição de sociólogo*, p. 156.

O "desenraizado" Florestan, contudo, não conseguiu, diferentemente do que ocorreu com vários de seus colegas, adaptar-se bem à condição de exilado e também não se mostrava disposto a ceder[46]. As dificuldades práticas do dia-a-dia seriam agravadas pelos problemas de saúde, que já de antes faziam-se sentir. Em 1969, a "propensão à hipertensão e a complicações cardíacas" o mantivera afastado do trabalho, por vezes em "repouso absoluto"[47]. Com a mudança para o Brasil, as coisas ainda podiam piorar bastante. Em 1975, Florestan submete-se a uma cirurgia na próstata no Hospital do Servidor Público de São Paulo. Ao receber uma transfusão de sangue, Florestan foi contaminado pelo vírus da hepatite C. A partir daí, Florestan desenvolveria a doença, causando um lento e progressivo desgaste de sua saúde. Em 1977, ano em que, convidado insistente e corajosamente por dom Paulo Evaristo Arns, cardeal-arcebispo de São Paulo, passa a dar aulas na pós-graduação da Pontifícia Universidade Católica, volta a reclamar da hipertensão[48]. Em 22 de julho de 1978, dia de seu aniversário, Florestan, na época separado temporariamente de Myrian e passando por uma decepção amorosa, deprimido, chega a tentar suicídio, tomando uma dose elevada de remédios para dormir, e é internado no Hospital das Clínicas, ficando em coma por algumas horas[49].

Apesar de todas as dores por que passou no período, Florestan, desarmado de sua cátedra na USP, conseguiu manter-se altamente produtivo do ponto de vista intelectual – e, aparentemente, bastante interessante do ponto de vista editorial –, tentando manter

---

[46] Quando surge o Centro Brasileiro de Análise e Planejamento (Cebrap), Florestan não participa da instituição devido ao fato de ela receber verbas de entidades estrangeiras, no caso a Fundação Ford (*O saber militante*, p. 77).

[47] *Estudos Avançados*, nº 26, p. 145.

[48] Ibidem, p. 162.

[49] Ibidem, p. 165. A carta não fala do motivo de sua internação, o que foi relatado por mais de um entrevistado pelo autor. Na época, Florestan também se submetia a sessões de psicanálise.

vivas as possibilidades de atuação na sociedade brasileira. Uma quantidade muito grande de livros seus ganham novas edições a partir de 1970, e novos livros são lançados, muitas vezes reunindo e dando novos sentidos a artigos publicados ao longo da vida em revistas acadêmicas e mesmo na grande imprensa. Florestan, fora da universidade, tornou-se um assunto para ela e para os estudantes, o que certamente ajudou, naquele período, o sociólogo a fechar algumas contas (embora os cursos no exterior fossem mais importantes nesse sentido).

A própria trajetória do sociólogo, mais ou menos nessa época, torna-se interessante para seus leitores, o que o leva a conceder a longa entrevista para a revista *Trans/Form/Ação* (1975), para professores da Universidade Estadual Paulista de Assis, depois editada em livro com o título *A condição de sociólogo* (1978). A edição de *A sociologia no Brasil* (1977) e, em especial, dos textos "Por uma sociologia crítica e militante" e "A geração perdida", completam o quadro de interesse gerado pela figura de Florestan, que se mantinha atuante em causas como a da anistia e de defesa de presos políticos – ele participou ativamente, por exemplo, dos protestos contra a prisão da pedagoga Maria Nilde Mascellani, muito ligada à Cúria Metropolitana, que escrevera um artigo atacando duramente os cursos de educação moral e cívica instituídos pela ditadura[50].

O processo de radicalização política, no entanto, ganha expressão pública com a edição do resultado de um trabalho no qual Florestan se empenhou dedicada e orgulhosamente por alguns anos, a leitura das obras completas de Lenin. Em 1978, Florestan publicou, pela coleção Grandes Cientistas Sociais, que coordenava, um volume de textos do revolucionário russo, e também organizou a edição de dois clássicos do pensamento leninista, *O Estado e a revolução* e *Que fazer?* Para Paulo

---

[50] Entrevista de Luiz Eduardo Greenhalgh ao autor.

Silveira, esse é o momento em que Florestan, definitivamente, assume o papel de publicista, o que teria conseqüências evidentes na sua trajetória nos anos 1980[51].

Em 1979, outra revolução, a cubana, assunto de um novo livro de Florestan, permitiria ao sociólogo voltar, dentro das condições de então, a dar um curso na USP aos sábados. O curso foi acompanhado atentamente pelo Deops. Uma enorme quantidade de relatórios foi produzida, desde 12 de setembro, três dias antes de o curso começar, até seu fim, em 1º de dezembro de 1979. Há mais de sessenta fichas relacionadas ao curso, que ocorria aos sábados, e que, na primeira aula, segundo o informante da polícia, contou com a presença de cerca de 250 alunos. Os investigadores faziam verdadeiros resumos das aulas, o que talvez viesse a ter até interesse acadêmico, caso Florestan não tivesse publicado o livro *Da guerrilha ao socialismo: a revolução cubana* (1979). A anistia, no entanto, não levaria o sociólogo, definitivamente, de volta à universidade que ajudara a consolidar. No mecanismo estabelecido pela Universidade de São Paulo, ainda sob pressão da ditadura militar, os professores cassados e aposentados compulsoriamente tinham de pedir a reintegração. Para Florestan, era a universidade quem deveria fazer o convite, uma vez que não pedira para sair. Por outro lado, os cargos e as posições na universidade haviam sido ocupados, a própria estrutura hierárquica dos departamentos fora modificada, e a volta de Florestan e de Ianni[52], entre outros, se não indesejada, certamente desequilibraria as novas relações de poder, por mais que os colegas mantivessem relações de afinidade pessoal com os antigos mestres[53].

---

[51] Cf. *O saber militante*, p. 287-91.

[52] Fernando Henrique, na época suplente de senador pelo MDB, preferiu não voltar à academia para dedicar-se à política.

[53] O próprio Ianni, segundo conta Vladimir Sacchetta, teria feito avaliação nesse sentido e exprimido a Florestan. Outros entrevistados fazem avaliação semelhante.

Quando acabam os anos 1970 de Florestan? Se fosse possível estabelecer um marco, eu diria que eles acabam em setembro de 1981, quando sofre um infarto. Sua notoriedade militante e intelectual, sua fragilidade física e sua melancolia ficaram impressas numa notícia também melancólica, publicada pela *Folha de S.Paulo*, que, felizmente, não teve o fim trágico que o tom do texto parece apontar.

> À véspera de publicar outro livro, dentro de sua vasta bibliografia, *A ditadura em questão*, uma análise da política brasileira contemporânea, Florestan Fernandes continua vivendo uma espécie de ostracismo. No entanto, todos procuram aprender de seus ensinamentos [...]. Suas críticas, consideradas radicais, no sentido lato da palavra, têm o dom de assustar os que pensam que a abertura precisa ser demasiado lenta,

escreve o autor da notícia, que não pára por aí.

> Neste momento, ele está sendo convidado para lecionar na França, pelo governo de François Mitterrand e, dos seus ex-alunos e colegas, ouve-se que, se a história do Brasil caminhasse ao lado do desenvolvimento com justiça social, Florestan Fernandes estaria ocupando o cargo de reitor da Universidade de São Paulo. País que se preza, afirmam, não pode se dar ao luxo de esbanjar um cérebro privilegiado como o desse cáustico, franco, lúcido e aplicado pesquisador da realidade social.

Para terminar, a notícia esquece completamente o motivo que levou Florestan à Unidade de Terapia Intensiva do Hospital do Servidor, e conclui:

> Saber que uma das melhores cabeças do Brasil encontra-se marginalizada e silenciada, sem poder transmitir dentro da universidade, que é o seu lugar, toda a experiência de pesquisador e educador que adquiriu ao longo dos anos, é, no mínimo, desalentador.[54]

---

[54] *Folha de S.Paulo*, 29/9/1981.

Militante e jornalista

Primeira reunião da campanha de 1986: apoio de Octavio Ianni, Antonio Candido e Lélia Abramo (sentados ao fundo), socialistas históricos, e de jovens das mais variadas tendências da esquerda.

> Eu não sou obreirista e não me
> ajoelho diante do deus operário.
>
> A Lula, após a fundação do PT

Se o ano de 1981 pode ser definido como um marco melancólico na trajetória pessoal de Florestan, esse mesmo ano representará o início da construção de um novo caminho pelo sociólogo, por meio da política, com a publicação de *O que é revolução*, na coleção Primeiros Passos, da então influente editora Brasiliense. Num formato que se tornou modelo para outros projetos semelhantes de divulgação de questões centrais do debate contemporâneo, certamente foi um desses pequenos frascos que ajudaram a consolidar a coleção, tanto do ponto de vista comercial como institucional. Mas foi também a oportunidade mais franca e explícita para o sociólogo ultrapassar os limites que o regime de 1964 lhe impusera. O Florestan que a ditadura imaginava ter morto ressurgia, reencontrando um espaço próprio e eficaz para agir.

O que é revolução é, antes de tudo, um manifesto sobre as possibilidades, as estratégias e as práticas que poderiam levar à revolução proletária no Brasil. Nesse sentido, parece haver dois grandes modelos por trás da empreitada política de Florestan: o próprio *Manifesto comunista* de Marx e Engels[1] e o *ABC do comunismo*, de Nicolai Bukharin[2]. Mas é também uma resposta à conjuntura política brasileira daquele início dos anos 1980, num diálogo, se não declarado, pelo menos evidente com o recém-fundado Partido dos Trabalhadores, apresentando uma "receita" (talvez esse termo seja injusto, porque forte demais) de partido, capaz de absorver e incorporar as mudanças explicitadas pelos movimentos grevistas do ABC paulista.

Aproveitando-se da então recente abertura política, Florestan escreve o seu manifesto revolucionário recorrendo em parte às reflexões do seu estudo *A revolução burguesa no Brasil*, mas propondo formas de lutas para os novos tempos, para evitar que a burguesia brasileira encontrasse uma nova saída pelo centro – o que pode ser considerado premonitório, quando se leva em conta a "transição transada" da ditadura para uma "Nova República", sustentada em grande parte pelas forças que participaram da geração do regime militar ou que haviam sido geradas por ele. "O risco que as esquerdas enfrentam, *atualmente*, não é o do fascismo iminente, é o de uma saída pelo centro das forças sociais da burguesia", escreve Florestan.

> A revolução burguesa *foi de fato* aprofundada na esfera econômica. Agora, ela terá de ser aprofundada em outras esferas, na social, na cultural e na política, queiram ou não as elites dirigentes das classes dominantes e seja ou não da conveniência de determinados segmentos capitalistas, nacionais e estrangeiros.

---

[1] Florestan chega a parafrasear uma de suas palavras de ordem mais fortes, e escreve: "A contra-revolução capitalista prolongada demonstra, enfim, que o *Manifesto* ainda está em dia com as correntes históricas, embora fosse preferível dizer, atualmente: PROLETÁRIOS DE TODOS OS PAÍSES, O MUNDO VOS PERTENCE. IDE À REVOLUÇÃO MUNDIAL" (*O que é revolução*, p. 88).

[2] Ao fazer indicações de leitura no final da obra, Florestan parece ter julgado necessário avisar que "este pequeno livro não pretende ser um equivalente doutrinário sintético do *ABC do comunismo*" (*O que é revolução*, p. 116).

Mas, diante dessa impossibilidade de impedir mudanças, ainda restava uma alternativa à elite: "O que as classes dominantes podem fazer é *ganhar tempo*, reduzir os ritmos e a intensidade da transformação da ordem social competitiva", aprendendo a consentir, anuir, tolerar, cooperar e deixar de, como fez no passado, "sabotar ou travar mudanças revolucionárias dentro da ordem que elas combateram com tanta tenacidade até hoje". Essa possibilidade é que deveria preocupar "os que não querem 'o aperfeiçoamento da ordem', mas a destruição da ordem existente"[3].

Há enormes contradições em *O que é revolução*, que parecem motivadas em parte pela obsessão de Florestan com um discurso denso, que, nesse caso, teve de defrontar-se com o pouco espaço que a própria lógica da coleção pedia. Tal lógica exigia uma capacidade de concisão ainda não praticada por Florestan em sua trajetória. O pensador incendiário, que produz um livro que ora é continuação dos próprios estudos históricos e sociológicos, ora busca na melhor literatura partidária frases de efeito, acaba tendo alguma dificuldade em compor, num espaço tão restrito, o discurso inflamado de alguém que sente pressa, porque acredita já ter esperado demais, com as possibilidades reais de ação. Assim, o livro que, por vezes, nos dá a sensação de que estamos às portas de uma transformação radical, por outras, parece dizer que não é o momento de abri-las, afirmando categoricamente que não adianta mergulhar num "clima de pré-revolução neurótico".

Ousado e ao mesmo tempo cuidadoso, o partido revolucionário proposto por Florestan, baseado no modelo leninista, deveria estar pronto para atuar dentro e fora da legalidade, e defender o "direito à revolução, usado pela burguesia e, mais tarde, proscrito por ela"[4]. Seria fundamental, assim, estar preparado para uma

---

[3] *O que é revolução*, p. 98-9.
[4] Ibidem, p. 108-9.

luta que tende a ser prolongada, apesar das debilidades da burguesia brasileira, porque nos países da América Latina essas burguesias mostraram-se muito eficientes e capazes de praticar a autodefesa e de buscar "sólida proteção no imperialismo"[5].

Pensando no PT, Florestan parece temer dois caminhos opostos: a socialdemocratização ao modelo dos partidos socialistas europeus e o esquerdismo infantil, para usar uma expressão clássica de Lenin, que tanto inspirava o autor de *O que é revolução*[6]. O sociólogo, significativamente, não se filiara ao Partido dos Trabalhadores em fevereiro de 1980, ao contrário de outros intelectuais de diferentes matizes esquerdistas e socialistas, como Mário Pedrosa, Antonio Candido e Sérgio Buarque de Holanda, e de figuras históricas da esquerda brasileira, como Apolônio de Carvalho. Ausente no ato de fundação no Colégio Sion, na avenida Higienópolis, em que, sob a bênção da Igreja Católica, selou-se a união das comunidades eclesiais de base, dos radicais da classe média e dos operários que haviam desafiado a ditadura no ABC paulista no final da década de 1970, Florestan também não ingressaria no PT nas oportunidades que surgiram mesmo em momentos de disputa eleitoral – em 1982, Lula disputou o governo do Estado pelo partido – ou de radicalização da agenda política, como, em 1984, nos comícios em defesa da emenda constitucional que advogava a volta das eleições diretas para a presidência.

Logo após a fundação do PT, Florestan foi procurado pelo líder do partido, Luiz Inácio Lula da Silva. Lula teria colocado

---

[5] Ibidem, p. 111-2.

[6] No volume de escritos de Lenin que organizou para a editora Ática, na coleção Grandes Cientistas Sociais, sob seu comando, Florestan escreveu sobre o líder soviético: "Entre seus vários papéis, o que mais o seduzia era o de *publicista*. Lenin tinha plena consciência de que era um intelectual e de que sua preeminência política procedia de sua produção teórica e prática como 'publicista'" (*Lenin*, p. 13-4). Parece evidente que Florestan buscou construir para si um caminho semelhante nesse período.

o sociólogo contra a parede, perguntando, em tom de ultimato, para conquistar sua adesão ao partido: "Bom, afinal, você é nosso aliado ou inimigo?". Florestan respondeu, referindo-se aos acadêmicos que estavam deslumbrados com o sindicalista:

> Isso não pega comigo, porque eu tenho uma origem social inferior à sua. Comecei a trabalhar com seis anos. Para mim, um operário tanto pode aderir a um movimento fascista quanto a um movimento socialista, ou ficar indiferente. Eu não sou obreirista e não me ajoelho diante do deus operário. Para eu entrar no PT, quero que ele defina seu programa, esclarecendo melhor quais as opções que envolvem a sua presença como núcleo político da classe trabalhadora.[7]

Disposto a intervir no debate político nacional "solitariamente", colaborando para a formação de quadros da esquerda, muitos deles petistas, nas aulas que dava na PUC de São Paulo[8], Florestan, que evitava se vincular ao partido, diz, numa carta de maio de 1983, ter voltado à "condição de lúmpen", "de vagabundo", embora tivesse mais dinheiro "que em qualquer outra época da vida". O sociólogo afirma ainda ter-se "desinstitucionalizado voluntariamente":

> Muitos acham que desprezo a universidade e o trabalho acadêmico. Que inversão! O que desprezo é a universidade voltada sobre si mesma e o trabalho acadêmico que não tem outro fim que o da 'carreira', do 'êxito profissional' e da 'produção' para o currículo.
>
> [...]
>
> 1964 mostrou-me que a universidade que eu tinha na cabeça *nunca* existirá no Brasil e que o verdadeiro campo de batalha só existe quando o intelectual pode mergulhar em movimentos que arrasam

---

[7] *Teoria e Debate*, nº 13, p. 23-4.

[8] O deputado federal Ivan Valente, militante estudantil que retornou à política após o fim da ditadura, diz que o Florestan que conheceu num curso na PUC e na leitura de *O que é revolução* não é o exatamente o sociólogo, mas o autor de um programa político conjuntural.

para construir, o que ainda é uma miragem em nossa pobre cena política, que mais se parece com um teatro de marionetes.[9]

Mas a sua influência entre os universitários e os militantes – que o pressionavam a ingressar no PT – no debate público do período de abertura viria, naturalmente, a mudar esse quadro. Ainda em 1983, Florestan escreve um artigo sobre Gregório Bezerra, militante histórico do PCB, e o publica na *Folha de S.Paulo*. A partir de então, a convite de Otavio Frias Filho, passa a escrever regularmente para a seção Tendências/Debates do periódico[10], que, naquele momento, já representava a voz da imprensa mais aberta à oposição à ditadura, um papel que se consolidaria com a campanha em defesa das Diretas-Já. A presença constante de Florestan no espaço de opinião a partir de outubro desse ano, com um discurso classista franco, abusando de referências políticas e intelectuais até havia pouco censuradas na grande imprensa, certamente contribuiu para fortalecer a imagem pluralista que a *Folha* conquistou naquela época.

Seus textos expressam uma clara simpatia pelo partido de Lula[11], mas o autor não deixava de expor seu incômodo com as posições mais "lights" e nitidamente socialdemocratas adotadas pelo partido, especialmente na campanha eleitoral de 1985. Se a pior fase da vida pessoal já fora vencida – Florestan tornou-se, progressivamente, segundo vários entrevistados, mais carinhoso

---

[9] *Estudos Avançados*, nº 26, p. 169-70.

[10] Em *Que tipo de república?*, Florestan agradece a Otávio Frias Filho e diz que ele teve a paciência de esperar que o sociólogo "vencesse o sectarismo do 'guerrilheiro político' isolado" (p. 13).

[11] *Que tipo de república?*, publicado em 1986, reúne 53 textos, 48 publicados na *Folha de S.Paulo* em menos de três anos completos, o que dá uma medida da intensa atividade do autor. Na obra, é possível acompanhar uma leitura "a quente" e pela esquerda da transição da ditadura para a Nova República, passando pela derrota da emenda das diretas e pela eleição de Tancredo Neves, até as portas da eleição para a Constituinte.

e afetivo no trato pessoal, especialmente na relação com os netos e bisnetos que começaram a chegar –, e a perspectiva de voltar à Universidade de São Paulo já fora totalmente descartada, no espaço político ficara claro que os trabalhadores do PT não corriam risco de aderir ao fascismo, mas também não seriam os porta-vozes de um projeto revolucionário e proletário ao gosto de Florestan.

Nesse sentido, há um artigo[12] revelador sobre os conflitos entre as possibilidades do PT enxergadas por Florestan e a sua atuação na prática. Durante a campanha de 1985 para prefeito de São Paulo, havia dois candidatos com os quais Florestan simpatizava fortemente.

> Amigo e companheiro de Fernando Henrique Cardoso em tantas lutas e esperanças mais ou menos perdidas, gostaria que ele ao menos levantasse algumas bandeiras verdadeiramente socialistas do engajamento político da maioria pobre e destituída na solução de seus problemas mais prementes.

Sobre o petista Eduardo Suplicy, a quem o sociólogo apoiava, em razão de uma vinculação já expressa ao PT, dizia esperar "um debate 'quente' a respeito das causas e efeitos do impacto do capitalismo financeiro sobre a conturbação das cidades e, especificamente, sobre a metropolização de São Paulo". No entanto, segue Florestan, "a luta eleitoral volta os seus tentáculos para a conquista de votos, não para a revolução urbana e, menos ainda, para as ligações recíprocas que poderiam existir entre a revolução urbana e a revolução democrática". Publicado quatro dias antes da votação, o artigo expõe a queixa da campanha "adocicada" do PT, que, para ser "eficaz", aceita o preço da "socialdemocratização *à la* moderna e *à la* brasileira" e de uma consciência crítica "humanitária, mas irônica, galhofeira e 'pluriclassista'": "o candidato vê-se convertido em um equivalente da Kibon".

---

[12] "Embates eleitorais e luta pela vida", em *Que tipo de república?*, p. 56-9.

Apesar de ajudar até financeiramente o PT, Florestan, nesse momento, não integrava oficialmente suas fileiras. Sem assinar a ficha de filiação e expressando abertamente suas críticas, conseguira, pela primeira vez em sua vida, penetrar profundamente no debate de uma instituição partidária ao mesmo tempo poderosa e promissora, com a qual se afinava razoavelmente quanto à prática política e na qual seus conhecimentos e posições, ainda que minoritários, eram considerados no debate e na elaboração de planos de ação e de governo.

Assim, em maio de 1986, não foi de todo surpreendente quando alguns jornais publicaram na sessão de notas políticas[13] a informação de que Florestan iria se filiar ao Partido dos Trabalhadores. Poucos dias depois, veio a confirmação. O sociólogo sairia candidato, decisão tomada após uma reunião com Lula, Suplicy e José Dirceu, em que foi feito explicitamente o convite. Florestan respondeu que não era político profissional e que, "portanto", não sabia fazer campanha política. Em entrevista à imprensa, Florestan disse que a candidatura era resultado de um erro, uma vez que, quando noticiada, ela não existia. Mas que a publicação levou o PT a procurá-lo e ele, diante da pressão que se fazia contra o partido e da possibilidade de participar da elaboração da nova Constituição, que considerava uma nova oportunidade para a burguesia brasileira realizar uma revolução democrática, acabou aceitando a missão, no último dia permitido pela legislação para a filiação partidária. (O PT tinha uma razoável presença na universidade, e o "candidato" sociólogo natural do partido era Francisco Weffort, professor de Ciência Política da USP e então secretário nacional, que também disputou uma vaga na Constituinte, mas obteve uma votação muito inferior à de Florestan, tendo, provavelmente, consciência clara de que perdia alguns de seus potenciais eleitores com a entrada do colega na disputa; assim, a direção do partido precisava de uma boa justificava para convidar Florestan, e o ideal para evitar arestas era que o convite viesse de "um erro").

---

[13] *Folha de S.Paulo*, 5/5/1986.

Durante a reunião com a direção petista, já praticamente convencido de que aceitaria entrar na disputa[14], Florestan foi colocando obstáculos, como se testasse os limites que teria de enfrentar e o grau de independência que o partido teria para atuar. Quando já estava certo de que ele integraria a chapa que disputaria espaço no Congresso, Florestan "lembrou-se" de que não tinha recursos para pagar os custos de uma campanha eleitoral. "Não tenho recursos para financiar uma campanha. Também estou recém-saído do hospital e a campanha vai ser muito desgastante." Os dirigentes petistas então contaram como era a realidade do partido: o PT não tinha como deslocar recursos para um candidato a deputado federal e, ao contrário, era Florestan quem teria de dar 30% de tudo o que recolhesse para o partido. Ao recordar-se do encontro, em 1991, ele narraria: "Caí na gargalhada e respondi: 'Está bom, assim eu aceito'. Preenchemos a ficha de inscrição, saí candidato do partido e fui eleito"[15]. A falta de dinheiro era a resposta que Florestan precisava para se tranqüilizar e aceitar entrar na disputa livre de compromissos que fossem além das causas que defenderia e que considerava compatíveis com o partido[16].

A entrada de Florestan na política preocupou alguns de seus companheiros. Antonio Candido conta que, então, comentou com Gilda de Melo e Souza a coragem do amigo. Com a saúde fragilizada pelos dez anos de hepatite e por outras complicações, Florestan decidira "morrer lutando" no dia-a-dia tenso e trabalhoso da elaboração de uma nova Constituição,

---

[14] Segundo Florestan Fernandes Jr.
[15] *Teoria e Debate*, nº 13, p. 24.
[16] Segundo Florestan Fernandes Jr. No final da campanha, a dívida, equivalente ao preço de um carro popular, de acordo com Vladimir Sacchetta, foi saldada por Antonio Candido, a pedido do crítico literário, com os recursos que recebera, pouco antes, do prêmio Moinho Santista.

disse à mulher[17]. As falas do candidato Florestan por conta de sua filiação ao PT mostram que ele tinha dois objetivos: representar publicamente a "face esquerda" do partido, a que não gostava da idéia de empinar pipas no Parque Ibirapuera nas campanhas eleitorais, como fizera Suplicy na disputa para prefeito, e também lutar contra o "esquerdismo infantil" no processo político. Numa entrevista concedida ao jornal *Convergência Socialista*, ou seja, à esquerda do partido, à pergunta direta "Por que você escolheu o PT?", Florestan, depois de afirmar que havia uma espécie de cerco ao PT, que apontava para a ameaça de a organização ser colocada na ilegalidade, responde: "Havia poucas alternativas... eu poderia ter entrado para o PT antes, se o PT tivesse antes se definido em termos de posições socialistas mais esquerdistas". Em seguida, emenda que a pressão conservadora de extrema direita, naquele momento, era tão forte que ele tinha as opções de entrar "para o PCB ou para o PCdoB, ou entraria para o PT ou o PDT".

Ou seja, as opções não eram tão poucas assim, e a resposta indica um espectro de alianças possíveis na sua opinião. Mas o PT parecia-lhe ter, "além de uma identidade proletária, um potencial muito grande de desenvolver o socialismo em linhas proletárias":

> É muito importante que o socialismo não seja apenas um nome. Que o socialista esteja vinculado à luta de classes e principalmente que ele erga bandeiras das classes trabalhadoras. Parece-me que o PT está mais próximo de fazer isso, pelo menos a partir de algumas cidades com desenvolvimento industrial mais forte, como é o caso de São Paulo.[18]

(Eleito deputado, diria ao *Jornal do Brasil* que era possível fazer composições com outros partidos em determinados pontos: "No que diz respeito à defesa da natureza como riqueza social para o Brasil, por exemplo, eu, que pertenço à extrema esquerda

---

[17] Em entrevista ao autor e à TV Câmara.
[18] *Em busca do socialismo*, p. 195.

do PT, falo da mesma forma que Fábio Feldmann, eleito pelo PMDB"[19].)

Entre 22 e 24 de maio de 1986, ainda sob o impacto da filiação de Florestan ao PT, no *campus* de Marília da Universidade Estadual Paulista (Unesp), foi realizado um seminário em sua homenagem[20]. O número e a qualidade dos intelectuais que participam do encontro é uma demonstração da afeição e da influência que Florestan havia exercido sobre o meio universitário, ultrapassando as barreiras da Universidade de São Paulo. O encontro acabou se tornando, de certo modo, o primeiro ato de sua campanha para deputado – uma campanha que, em vez de lhe tirar forças, animou-o. Com um pequeno grupo de colaboradores, Florestan foi à luta. Entre os apoios que colecionou, exibia com orgulho o de Luís Carlos Prestes, a essa altura já afastado do PCB. Para o candidato, foi um apoio amplamente significativo de sua ambição de ajudar a unir as esquerdas, ainda mais que Florestan havia começado na vida política pelas mãos trotskistas. "O incrível exército de Florestan Fernandes"[21] contava com intelectuais como Hélio Alcântara e Octavio Ianni, Cláudio Semiatz e Vladimir Sacchetta, jornalista e filho de Hermínio Sacchetta, além de alunos, ex-alunos, sindicalistas e representantes de movimentos políticos, como o movimento negro e o de mulheres. Miza Boito, trotskista e ligada ao jornal *O Trabalho*, também se juntou ao comitê e teria ficado furiosa "com o fato de dividir tarefas com antigos stalinistas". "Florestan dizia: 'debaixo do meu guarda-chuva cabem todos os rebeldes'". Até supostos anarquistas teriam forjado uma breve conciliação com o sistema representativo e se

---

[19] *Jornal do Brasil*, 8/2/1987.

[20] Esse seminário resultou no livro *O saber militante*, tantas vezes citado neste texto.

[21] O apelido, dado por Vladimir Sacchetta, alude, obviamente, aos desorganizados e despreparados "soldados" do filme *O incrível exército de Brancaleone*, de Mario Monicelli.

integrado à campanha, com o argumento de que "Florestan era Florestan"[22].

Os apoios à esquerda eram bem-vindos, mas os recursos de campanha eram "selecionados". Florestan não aceitou que uma empresa do setor de informática disponibilizasse softwares, computadores e outros equipamentos para o comitê porque ela quis saber se ele apoiava a reserva de mercado para o setor. Como a defesa da reserva já fazia parte do programa de Florestan e do PT, que acreditavam ser essa uma forma de consolidar uma indústria do setor no país, o candidato recusou a oferta: não queria que sua posição pudesse, eventualmente, ser relacionada ao apoio econômico que recebera[23].

Florestan participou de encontros, reuniões, debates. Recebia candidatos a deputado estadual do partido, que vinham lhe pedir textos para seus materiais, "entrevistava-os" ali mesmo no comitê sobre a atividade que desenvolviam, o setor (em geral sindical) que representavam e, poucos minutos depois, elaborava um texto para o colega de partido incorporar ao seu material de campanha[24]. Sua candidatura "pegou" – e Florestan, com 50.024 votos, foi o quarto candidato petista mais votado, perdendo apenas para Lula, campeão de votos naquela eleição, Plínio Sampaio, que contava com o apoio da Igreja Católica, e Luiz Gushiken, candidato dos bancários, uma categoria muito forte na época. Mais da metade de seus votos (28.896) foram amealhados na capital, mas não foram poucos os pequeníssimos municípios, como Iepê ou Juquiá, em que Florestan teve um ou dois votos, engordando seu cabedal eleitoral[25]. Os candidatos a deputado estadual que fizeram "dobradinha" com ele foram muito

---

[22] Conforme narra Laurez Cerqueira em *Florestan Fernandes, vida e obra*, p. 125.

[23] Segundo Vladimir Sacchetta, em entrevista ao autor.

[24] Segundo Florestan Fernandes Jr.

[25] O mapa de votação de Florestan no Estado está publicado em *Florestan ou o sentido das coisas*.

bem votados – especialmente José Dirceu, que articulara sua candidatura, reabrindo suas relações com o meio universitário, e Ivan Valente, a quem viria a apoiar na campanha para deputado federal em 1994, sendo uma espécie de seu sucessor político.

Eleito deputado, Florestan mudou-se para Brasília com Myrian. Deixavam assim, após anos, a casa no bairro do Brooklin. O mandato também significaria o afastamento definitivo de Florestan da Pontifícia Universidade Católica, dando início a uma nova fase em sua vida, em que a política tornou-se a principal responsável por dar sentido a suas preocupações intelectuais. A academia e os acadêmicos foram, cada vez mais, perdendo espaço para políticos e militantes na sua convivência – Heloísa Fernandes recorda-se que Florestan, nessa fase da vida[26], podia irritar-se quando o jogo de buraco familiar era interrompido por professores que lhe telefonavam, mas que sindicalistas e políticos costumavam ser atendidos com o maior prazer. Conta Barbara Freitag:

> Em conversas e cartas exprimia seu desprezo pela burocratização da universidade e pelo carreirismo egocêntrico da maioria dos professores e pesquisadores, que repassavam essas atitudes às novas gerações de universitários.[27]

Numa de suas campanhas, Florestan, além de sociólogo e professor, incorporou à sua "assinatura" as condições de militante e jornalista – o que mostra muito a importância que dava à condição de publicista de uma causa que assumira.

Superada a primeira crise política, ligada à própria instauração da Constituinte e ao fracasso do governo José Sarney na gestão do Plano Cruzado, na condição de "calouro", como definiu

---

[26] Em entrevista ao autor.
[27] A autora vê, nesse sentido, uma terceira fase na trajetória de Florestan. Cf. "Florestan Fernandes: revisitado", escrito para a revista *Estudos Avançados* (no prelo).

em seu último discurso na Câmara, Florestan teve de se iniciar na arte de negociar não apenas com os representantes de outros partidos, como também com a própria bancada petista. O que, aliás, mostrou-se um problema logo de início. O PT tinha outros deputados ligados à área da educação, prioritária para Florestan, que tinha como um ponto central de sua campanha a defesa do uso exclusivo de verbas públicas por instituições públicas – seu nome também não era bem-visto pela Igreja, dado seu desabrido ateísmo e sua condição de comunista, na comissão. O nome de outro deputado petista circulou e, em determinado momento, Florestan ameaçou abandonar a Constituinte[28]. Há muitas versões sobre o ocorrido e como aquela pequena crise interna teria sido contornada. Pelos relatos, é possível concluir que Lula convenceu o colega de bancada de que seu nome não fora indicado porque o PT lhe reservara tarefas que considerava mais importantes – mas, já que ele fazia questão...

Florestan foi então conduzido pela bancada para a subcomissão de Educação, Cultura e Esportes, na qual acabou tornando-se uma referência no debate, especialmente sobre os dois primeiros temas. Apresentou um total de 96 emendas, das quais 34 foram integradas à Constituição[29]. Na bancada, Florestan representava a esquerda do partido, que mais resistia a ceder em pontos fundamentais. Algumas vezes, como na defesa de verbas públicas apenas e exclusivamente para o ensino público, Florestan foi derrotado ainda dentro do partido.

Apesar disso, é possível sentir uma forte marca de sua atuação. Entre as emendas de sua autoria, foram integrados à Constituição o texto que garante a autonomia das universidades, a possibilidade de Estados vincularem parte de sua arrecadação para entidades de fomento à pesquisa científica e a inclusão do atendimento público a menores de seis anos nas creches e pré-escolas. Também é de autoria de Florestan a emenda que

---

[28] Segundo Vladimir Sacchetta e Beatriz Fernandes.

[29] Material de campanha *Florestan Fernandes na luta parlamentar*, 1990.

iguala os direitos dos filhos nascidos fora do casamento com os filhos "oficiais". O deputado foi "agraciado" com uma nota dez do Departamento Intersindical de Assessoria Parlamentar (Diap), por ter acompanhado as posições dos sindicatos nas questões consideradas na época centrais para os trabalhadores.

O trabalho de Florestan na Constituinte pode ser considerado representativo do que significou a pequena bancada petista, de dezesseis deputados. Apesar de minoritário, o partido conseguiu impor grande parte de sua agenda no debate, ora negociando, ora contando com forte apoio de sindicatos e da sociedade civil organizada, conseguindo trazer para seu campo de atuação políticos eleitos por legendas menos progressistas, especialmente do PMDB e dos novos partidos que se organizavam ou se reorganizavam na nova ordem, como o Partido Socialista Brasileiro (PSB), PCB e PCdoB[30].

A avaliação de Florestan de todo o processo e mesmo da versão final da Constituição pode ser bem compreendida pela leitura de *A Constituição inacabada*, a coletânea dos artigos que publicou durante o processo, entre o fim de 1986 e a promulgação da Carta. Dispondo de uma condição privilegiada de observação, a de parlamentar e de observador, Florestan inicia o processo afirmando que "o poder econômico cassou o mandato dos melhores representantes da burguesia e afastou do Parlamento seus melhores aliados 'radicais' ou de 'esquerda'". Diante desse quadro, os parlamentares eleitos pelos "mais humildes" deveriam bater-se por uma carta que criasse "um Estado aberto à luta de classes e a uma democracia que o associe à Nação e à promoção do seu desenvolvimento, sem as deformações e as iniqüidades do 1% e dos 5% mais ricos e

---

[30] Para Plínio de Arruda Sampaio, os pontos em que o PT foi mais hábil na negociação foram os que trouxeram mais avanços, mais até do que aqueles em que as vitórias foram decididas em votações apertadas. "A Constituição ficou tão boa que a direita precisou reformá-la", afirmou, em entrevista ao autor.

poderosos". Apesar do título do artigo publicado no *Pasquim* de dezembro de 1986, "Congresso Constituinte sem sonhos", Florestan, com um grande grau de esperança, afirma que "a Nação, que deveria ter nascido em 1822, poderá nascer agora!"[31].

A Constituição não iria tão longe, não promoveria uma "revolução dentro da ordem" ou, claro, menos ainda, contra ela, mas, na opinião de Florestan, expressa num artigo publicado em 4 de outubro de 1988[32], véspera da promulgação da carta, cumpriria o papel de "limpar o terreno minado pela ditadura" e prepará-lo para outro plantio, "mais generoso e fértil". Para ele, apesar da tentativa de engendrar uma "conciliação conservadora", foi colocada em pé uma Constituição não homogeneamente conservadora, obscurantista ou reacionária. Seu texto, ao contrário, apesar de ser uma "colcha de retalhos", teria aberto "múltiplos caminhos, que conferem peso e voz ao trabalhador na sociedade civil": "a equação política que ela impõe é óbvia: os de cima terão de recorrer à violência institucional ou deverão aprender, por fim, a conviver com e a respeitar os de baixo", com a rotinização das liberdades individuais e de direitos sociais (alguns dos quais cairiam nas sucessivas reformas promovidas pelos governos Fernando Henrique Cardoso e Lula) e "à universalização de acesso a meios legais que a exclusividade convertia em fonte de odioso despotismo". Os "de baixo", agora, tinham de ser despertados para a consciência cívica, para que passassem a sentir-se seguros para exigir, defensiva e ofensivamente, a aplicação das normas constitucionais. Além disso, na opinião de Florestan, a revisão marcada para 1993 abria novas possibilidades para avanços – o contrário do que viria a ocorrer, diga-se.

Apesar dos confrontos parlamentares, Florestan estabeleceu, muitas vezes, relações mais cordiais com figuras de outros partidos do que do próprio PT. Entre seus interlocutores,

---

[31] *A Constituição inacabada*, p. 51-2.
[32] Ibidem, p. 360-2.

estiveram Jarbas Passarinho[33] e Delfim Netto. Freqüentador da biblioteca do Congresso, nas poucas horas de folga daqueles agitados dias, Florestan quase chegou, certa vez, a ser repreendido por Ulysses Guimarães, que, atento a seu delicado estado de saúde, deixou um recado na secretária eletrônica de dona Myrian pedindo que ele não abusasse de sua condição nas longas jornadas políticas da época. Para o prefácio de *A Constituição inacabada*, Florestan publicou um texto do deputado do PDT Lysâneas Maciel, para quem, até, deu declarações de apoio utilizadas na campanha de 1990, para a reeleição. Também se tornou seu companheiro de parlamento José Paulo Bisol, eleito pelo PMDB, mas que migrara para o PSB. Quando, em 1989, na campanha presidencial, houve um impasse na escolha do candidato a vice de Lula, Florestan foi um dos parlamentares que participaram da corte e do convite ao senador gaúcho (em 1994, Bisol era novamente o candidato a vice de Lula quando acusações sobre emendas ao orçamento pouco fundamentadas obrigaram-no a desistir de concorrer, dando lugar a Aloizio Mercadante)[34]. Na eleição de 1989, a chapa Lula-Bisol superaria fortes candidatos, entre os quais o senador tucano Mário Covas e o pedetista Leonel Brizola, disputando o segundo turno com Fernando Collor de Mello, que concorria por uma coligação de minúsculos partidos, sendo o seu o Partido da Reconstrução Nacional (PRN). Foi um embate eleitoral entre

---

[33] Em documentário para a TV Câmara, Passarinho chega a afirmar que não acreditava que Florestan fosse leninista, capaz de usar as armas para chegar ao poder, em virtude de seu respeito e cordialidade com o adversário.

[34] O primeiro vice cogitado pela direção petista em 1989 foi Fernando Gabeira, que havia sido candidato ao governo do Rio de Janeiro pelo partido. A direção avaliou que Gabeira "desviaria" o foco da campanha, que teria de responder por questões comportamentais que não eram consideradas centrais pelo PT à época. O intelectual Antonio Houaiss, do PSB, acabou aceitando o posto, mas suas condições de saúde não permitiam que ele se engajasse na campanha, o que o levou a desistir. Bisol foi a alternativa que acabou se consolidando.

esquerda e direita como não mais se viu no país, com Collor acusando o PT de querer tingir a bandeira do Brasil de vermelho e afirmando que a foice e o martelo não eram símbolos nacionais. O discurso reacionário, fundado na propaganda mais odiosa do regime militar, não foi suficiente, e Collor precisou utilizar-se, na reta final da campanha, do expediente de fazer uma crítica moral a Lula, recuperando um episódio da vida do operário: Lula teria sugerido a uma de suas namoradas, Miriam Cordeiro, que fizesse um aborto, que, afinal, nem se concretizou. Lula ainda foi prejudicado pela edição tendenciosa do último debate, realizado pela Rede Globo, nos seus jornais televisivos. Lula obteria 31 milhões de votos, mas seria derrotado. E Collor governaria por dois anos e meio, o suficiente para que sofresse um processo de *impeachment* devido a graves acusações de corrupção em seu governo e fosse colocado para fora após uma forte mobilização estudantil. Essa massa tomou as ruas do país sem nenhuma resistência efetiva das classes dirigentes, que aproveitaram a situação para forjar um novo pacto em torno do vice de Collor, Itamar Franco.

No embate político acirrado no período, a esquerda viu-se, ainda, diante de dois grandes traumas: entre 1989 e 1991, o mundo do socialismo soviético desmoronaria, e o chinês mostraria sua face repressiva, com o massacre da praça da Paz Celestial. Não foram bons tempos para o discurso socialista. Leitores mandavam cartas para o jornal criticando o uso de termos como burguesia e proletariado, considerados, à época, superados. A própria história estaria diante do fim, segundo Francis Fukuyama, um pensador que se tornou celebridade mundial por afirmar que a democracia liberal se constituiria no modelo final de organização das sociedades, insuperável. Para Florestan, no entanto, as mudanças no mundo socialista eram sinal de que a história permanecia viva "enquanto história dos seres humanos e de suas lutas sociais por liberdade, igualdade social e felicidade" e que tanto o socialismo quanto o capitalismo encontravam-se "em revisão por parte dos cidadãos comuns"[35].

Se a conjuntura não ajudava uma candidatura como a de Florestan em 1990, o mesmo podia-se dizer de sua saúde, que exigiu um comportamento mais "modesto" e seletivo em termos de viagens e reuniões. A essa altura, Florestan já comprara um novo apartamento, na rua Manoel da Nóbrega, no bairro do Paraíso, em São Paulo, e mantinha seu comitê no bairro da Bela Vista, na rua Santo Antônio, não muito longe do endereço da escola em que fez seus primeiros estudos. (Por outro lado, 1990 foi o ano de uma das homenagens mais tocantes para Florestan: no ano em que a Universidade de Coimbra comemorou seu 700º aniversário, o sociólogo brasileiro recebeu o título de doutor *honoris causa* da instituição. Florestan acredita que seu discurso, acompanhado por familiares e alunos prediletos[36], havia sido o primeiro em uma cerimônia do gênero a falar em "socialismo revolucionário". Vestido a caráter, homenageado na terra de sua mãe, Florestan tinha um motivo a mais para se alegrar: era festejado em Portugal, que impusera restrições a visitas suas durante os anos da ditadura salazarista, devido a seu apoio às forças que lutavam, na clandestinidade, pela democratização do país[37].)

A campanha enfrentaria um problema adicional: Florestan não sentia entre os petistas a mesma cordialidade de 1986. O sistema eleitoral brasileiro, em que cabe ao eleitor, efetivamente, montar a lista de deputados a serem eleitos por uma chapa, favorece uma competição pelos votos dos eleitores fiéis a um

---

[35] *Florestan ou o sentido das coisas*, p. 251.
[36] Entre eles Octavio Ianni e Fernando Henrique Cardoso.
[37] Sobre as análises de Florestan publicadas antes e durante a Revolução dos Cravos no jornal *Portugal Democrático*, órgão da frente democrática editado no Brasil, cf. "A sociologia como previsão: Florestan e a Revolução dos Cravos", de Lincoln Secco, em *Florestan ou o sentido das coisas*.

partido entre seus candidatos[38]. A máquina do PT, em 1990, estava longe das mãos de Florestan, e ele não foi favorecido por ela. Retomando o *slogan* "contra as idéias da força, a força das idéias", Florestan obteve uma votação bastante inferior (27.676 votos), mas conseguiu voltar à Câmara, onde, na sua opinião, o PT seria um partido-chave no debate político. Questionado, diretamente, se teria enfrentado alguma dificuldade devido à sua posição independente dentro do partido, Florestan respondeu à revista *Teoria e Debate*:

> Na primeira eleição, não. Encontrei na segunda, devido ao caráter tortuoso que ela tomou em conseqüência das condições imperantes no partido. O partido acabou avançando mais na direção de modelos burgueses do que de modelos propriamente proletários e socialistas.

E o que seriam esses modelos burgueses? "Dentro do PT, está crescendo uma técnica eleitoral competitiva. O objetivo pessoal de vencer eleitoralmente prepondera sobre a ideologia, a política, a cooperação entre companheiros."[39]

Durante o seu segundo mandato, Florestan teve uma atuação mais modesta, concentrando-se nas discussões em torno da Lei de Diretrizes e Bases da educação, que viria a ser aprovada apenas no mandato seguinte. Não tomou a frente no *impeachment* de Collor, embora tenha acompanhado o processo avaliando-o com certa constância em suas colunas na *Folha de S.Paulo*. E, apesar de pessoalmente defender o parlamentarismo, aceitou a opção do partido pelo presidencialismo no plebiscito de 1993, porque entendeu que o PT tinha bons motivos para ver na adoção de um novo sistema de governo um golpe para mantê-lo afastado da possibilidade de realizar mudanças em caso de uma eventual vitória nas eleições do ano seguinte.

---

[38] Por outro lado, ele tem, sobre o sistema de listas, a vantagem de permitir que o eleitor possa atuar contra a burocracia partidária, tendo maior poder na definição dos eleitos.

[39] *Teoria e Debate*, nº 13, p. 25.

Ainda em 1993, quando o PT tomou a decisão de não participar da revisão da Constituição, pois já ficara claro que ela abria um espaço enorme para que avanços obtidos em 1988 fossem retirados do texto da Carta, Florestan, dessa vez contrariando a decisão partidária, apresentou uma proposta de emenda para incorporar políticas afirmativas de inclusão das populações negras à Constituição. Em carta à direção do PT, alegou "razões de consciência", argumentando que a luta pela democracia exigia a luta "contra a discriminação racial" e que, dada a justeza da proposta, acreditava que a Executiva do partido assimilaria a rebeldia do deputado[40].

Afirmando, inicialmente, que "são compreendidos como negros os indivíduos e cidadãos que se consideram como tal e os que, por estigmatização, são tratados 'como negros' e 'pessoas de cor'", o texto tem oito parágrafos, que prevêem que o Estado tem o dever de preservar sua herança cultural, de garantir a posse de faixas descontínuas de terras "com freqüência incorporadas às 'fronteiras em expansão', expropriadas por vizinhos ricos e poderosos", de elaborar planos para difundir entre os negros "a cidadania ativa" e de sanar dilemas sociais ligados ao racismo. Também propõe uma intervenção direta para romper o paradoxo que afasta o negro do mercado de trabalho, a adoção de bolsas para estudantes negros para "integrar e reter estratos da população negra nas escolas", a educação de brancos e negros contra o preconceito e a ênfase, por parte do poder público, na participação do negro em fatos culturais e históricos nos quais tenha desempenhado papel notável.

Na justificativa, Florestan afirma que tais ações não significavam um "protecionismo especioso", mas uma forma de corrigir "uma injustiça que desgraça as pessoas e as comunidades negras":

---

[40] Marcia Camargos, "A questão do negro", em *Revista de História*, n°s 129-31, p. 241.

Para nivelá-los aos brancos, é imperativo conceder-lhes uma espécie de suplementação da condição humana e da posição social. Só assim as elites das classes dominantes se desobrigarão de um crime histórico que sobrecarrega e degrada a consciência crítica dos cidadãos bem formados e emancipa o Estado de sua intervenção nas páginas mais negativas de nossa perspectiva de Nação emergente.

Para concluir, Florestan afirma: "Ou liberamos o negro por todos os meios possíveis ou persistimos escravos de um passado nefando que encurrala o presente e o futuro a uma abjeção singular"[41]. A emenda recebeu apoio do Movimento Negro Unificado, mas acabou ficando de fora da pauta da revisão, num acordo entre os partidos[42], e até hoje não foi apreciada pelo Congresso. Mas ela pode ser vista, acredito, como parte do processo que legitimou, por exemplo, a política de cotas nas universidades, que, após enorme resistência, acabou sendo implantada, de diversas formas, especialmente nas instituições públicas.

Algumas disputas internas do PT consumiram parte da energia de Florestan nos últimos anos de sua vida, em que pese sua independência[43]. O sociólogo tomou parte da elaboração de programas partidários, na maioria das vezes derrotados pelas correntes majoritárias, opôs-se à expulsão das tendências consideradas mais radicais – Causa Operária, que formaria o Partido da Causa Operária (PCO), e a Convergência Socialista, atual PSTU – e escrevia, com freqüência, na página dois da *Folha de*

---

[41] Ibidem, p. 237-40.

[42] Ibidem, p. 241-2.

[43] Segundo Eliane Veras Soares, Florestan recebeu vários convites para ingressar em correntes do PT. A Articulação (que comandaria o Campo Majoritário mais à frente) lhe ofereceu "como ponto de partida ser candidato ao Diretório". "Sua resposta à disputa que se estabeleceu entre as correntes para conquistar sua 'lealdade' foi clara: 'Eu disse não, eu não vim aqui para disputar o poder. Estou muito bem na condição de marxista que atua como uma espécie de lobo solitário'" (*Florestan Fernandes: o militante solitário*, p. 118).

S.Paulo sobre os rumos do partido, criticando a opção "eleitoralista" da direção[44]. Também acompanhava o debate político internacional e, depois do vento capitalista que varreu o socialismo do Leste Europeu, escreveria sobre as perspectivas do socialismo nesse novo mundo. Florestan morreria acreditando que a China se manteria como um bastião do socialismo, como escreveu na coluna intitulada "O enigma chinês":

> A China emerge como um desafio para aqueles que desmantelaram com mentes, armas e dinheiro o "perigo comunista", introduzindo o caos no Leste Europeu e na URSS. Certas concessões do governo chinês parecem-lhes o começo da penetração capitalista e do restabelecimento de um vasto império transcolonial na Ásia.

Para Florestan, a opção chinesa se fazia "pela continuidade revolucionária, ainda que em condições dificílimas": "Portadora de antigas civilizações hostis, a China acelera o desenvolvimento e se impõe no cenário mundial, graças ao ímpeto unificador da revolução em processo"[45].

Apesar de afinar-se mais com a esquerda do partido e de defender que o partido deveria assumir o socialismo como parte central do programa, Florestan confiou na possibilidade de uma aliança entre o PT e o PSDB, numa espécie de reaproximação que colocasse os partidos num acordo próximo ao que ocorreu em vários pontos durante a Constituinte e que se desenhou com o apoio de Mário Covas a Lula em 1989[46]. Durante a campanha de 1994, Florestan evitou ao máximo usar sua relação privilegiada com o ex-aluno e colega para atacar FHC, embora o tivesse feito episodicamente, ao tratar da campanha eleitoral que opunha seu ex-assistente a Lula. Mas não poupou críticas ao PSDB.

---

[44] José Dirceu, em depoimento à TV Câmara, afirmou que, por vezes, brincava com Florestan, pedindo para que ele o deixasse ser mais pragmático.

[45] *Folha de S.Paulo*, 31/1/1994.

[46] Segundo Florestan Fernandes Jr., Florestan insistiu para que Covas escrevesse um livro de memórias.

O PSDB parecia um partido de socialismo reformista, que mobilizaria extensa parte da classe média em fins construtivos na transformação da sociedade, atraindo também setores expressivos da *intelligentsia*. O castelo de cartas ruiu logo. Há uma esquerda reformista no PSDB. Mas ela parece ser mera exceção.

O PSDB, nesse instante, havia se colocado, para Florestan, na luta pelo poder acima de tudo[47].

Há dois artigos dessa época que hoje, depois de dois governos de FHC e um de Lula, podem ser vistos como um marco do natural afastamento de petistas e tucanos, pondo fim ao projeto de aliança de centro-esquerda. O primeiro chama-se "Mário Covas", declaração de apoio de Florestan ao tucano no segundo turno da disputa pelo governo do Estado de São Paulo contra Francisco Rossi, na época no PDT. "Não sei que posição o PT tomará diante dos desdobramentos do segundo turno", escreve Florestan. Porém, para o deputado, "já basta que Paulo Salim Maluf seja o prefeito da cidade de São Paulo. Ele sozinho representa o fim da linha...". E advoga:

> Agora, só há um caminho: o de apoiar Mário Covas, autêntico paladino da centro-esquerda. As discordâncias ensinam que fatos inexoráveis exigem cooperação rápida, mesmo que experimental e transitória.[48]

O outro, ainda mais forte, chama-se "O novo presidente", em que fala de Fernando Henrique Cardoso, vitorioso sobre Lula. Neste, nem mesmo a possibilidade de aliança transitória está presente.

> Durante a campanha presidencial enfrentei várias pressões, algumas cobrando críticas imediatistas a Fernando Henrique Cardoso. Entendo que pertencemos a partidos que poderiam ser convergentes. Mas tomaram vias opostas.

---

[47] *Folha de S.Paulo*, 30/5/1994.
[48] Ibidem, 17/10/1994.

Relembrando a longa amizade, que afirma fazer questão de conservar, completa:

> Apenas constatei que a carreira política abriu uma brecha psicológica: temos frente a frente o grande cientista social e o político que tenta transmutar-se em estadista. Espero que vença a prova. Isso é difícil, pois envolve a perversão da socialdemocracia e a debilitação do PSDB.[49]

Os sentimentos contraditórios de Florestan sobre Fernando Henrique ganharam notoriedade no dia em que o já eleito presidente pronunciou seu último discurso como senador, na despedida da Casa. Contrariando o protocolo, a pedido do seu antigo professor, Fernando Henrique desceu da tribuna e abraçou o parlamentar da bancada de oposição, que estava no plenário. Florestan disse-lhe algo ao ouvido. À televisão, ainda no plenário, Florestan afirmaria: "Não crio gatos, crio tigres", cena exibida no *Jornal Nacional* daquele dia, na Rede Globo.

Florestan viveria apenas sete meses completos sob a gestão FHC e, nesse tempo, evitou fazer críticas pesadas ao governo, preferindo atacar a aliança entre a direita e a "esquerda inteligente"[50], mesmo no momento em que a administração PSDB-PFL exibiu sua face mais autoritária, quando da greve dos petroleiros. O "professor de FHC", que os jornais tanto instigavam a se posicionar, preferiu fazer análises mais impessoais, avaliando que, "com o tipo de oligopólio que se implantará no ciclo econômico que se delineia, a composição do capital se modificará profundamente, engendrando crises de envergadura desconhecida". Nesse futuro próximo, acreditava Florestan, sindicatos e trabalhadores tenderiam a perder a autonomia conquistada e empregos, "com violentas diminuições dos salários e o naufrágio do poder relativo de que hoje desfrutam".

---

[49] Ibidem, 31/10/1994.
[50] Ibidem, 17/7/1995.

Florestan chegou a atacar de modo mais contundente o PSDB, que, na sua opinião, teria mergulhado numa compulsão aberrante: "Constituído por setores da média e alta burguesia, o PSDB acabou como um PMDB menor, disposto a mostrar que seria possível a conciliação entre reforma social e estabilidade da ordem vigente" e permitindo-se manipular fora e acima dos requisitos da socialdemocracia[51].

Se é certo que as posições de Florestan durante toda a vida e a identificação de uma tendência "regressiva" naquele início de 1995 praticamente garantem que ele condenaria o governo FHC, e, para irmos mais longe na especulação, também o governo Lula, em especial quanto a assuntos econômicos, é impossível avaliar seriamente qual teria sido, nos dois casos, o comportamento que adotaria no momento em que julgasse conveniente expor suas resistências e rupturas diante de ambos.

A expectativa frustrada em relação ao PSDB, aliada ao discurso revolucionário e à defesa destemida do mundo socialista (Florestan viajou à Europa em 1991 com Myrian, e visitou, com uma delegação de deputados, a Albânia, ainda antes da queda do regime) no seu momento de maior fragilidade, explica por que, no final da vida, Florestan dizia imaginar-se mais confortável no PCdoB[52] do que no próprio PT – sugerindo uma troca partidária que, no entanto, o próprio Florestan julgava inconveniente e incômoda, dada a sua origem trotskista[53].

---

[51] Ibidem, 5/6/1995.

[52] Octavio Ianni, segundo Vladimir Sacchetta, dizia a Florestan que ele deveria modernizar seu discurso. As anotações de Florestan no seu exemplar do livro *A sociedade global*, de Ianni, indicam, tanto quanto suas colunas, que ele não considerava a hipótese.

[53] Segundo Vladimir Sacchetta. O PCdoB, em sua primeira conferência nacional após a morte de Florestan, homenageou o sociólogo.

Em 1994, durante a segunda campanha de Lula à Presidência da República, Florestan (que, já bastante doente, desistiu de concorrer pela terceira vez à Câmara, apoiando a candidatura de Ivan Valente) escreveu um longo artigo sobre o candidato petista, publicado originalmente na revista *Práxis*, de Belo Horizonte, com o título "Lula e a transformação do Brasil contemporâneo". Trata-se de um exercício de "compreensão do significado histórico" de Lula, "parte de um turbilhão em que se gestou a sociedade brasileira de nossos dias"[54]. Recuando no tempo, avaliando as mudanças na sociedade brasileira ocorridas devido às migrações européias, as reações do Estado e até mesmo a nova dinâmica imposta pela Constituição de 1988 – que mesmo inacabada, deixando a meio do caminho "as expectativas e exigências do povo", teria permitido que o país caminhasse "sobre seus próprios pés e pensando segundo sua cabeça"[55] –, Florestan reconstituiu a trajetória do líder sindical que surge no ABC e que seria capaz de atuar "dentro dos limites do inconformismo aceito pelos capitalistas" e de formular "reivindicações salariais e de melhoria das condições de trabalho e de maior segurança para o trabalhador sem tempestades em copo d'água" – mas que os empresários descobriram rapidamente não ser o "homem deles" no meio operário[56]. Nesse elogio a Lula, em que Florestan retoma os métodos do líder petista nas negociações da Constituinte e sua capacidade de organizar a CUT e o PT e mantê-los relativamente independentes um do outro, Florestan reconhece que as "duas tendências mais fortes no PT ou levam à socialdemocracia ou ao socialismo revolucionário" e que "nenhuma delas é suicida". Como "ninguém parece disposto a pagar o preço inútil de uma revolução social predestinada ao malogro e à regressão", era preciso desenterrar e redefinir "duas antigas noções

---

[54] *A contestação necessária*, p. 39.
[55] Ibidem, p. 38.
[56] Ibidem, p. 40 e 42.

empregadas pelos clássicos da reforma social e da revolução social: as de 'revolução dentro da ordem' e de 'revolução contra a ordem'". E o programa do PT, em 1994, visava, para Florestan, "saturar os requisitos da primeira noção"[57].

Talvez em busca de uma união partidária, Florestan diz que Lula, ao optar por "visões prospectivas de desenvolvimento capitalista interno", incorpora-se à via socialdemocrata, mas vê no seu silêncio sobre possíveis desafios socialistas, como a instauração da democracia da maioria, a sabedoria de quem sabe

> que a revolução dentro da ordem já inscreve os antagonismos sociais na dinâmica normal das relações de classes e em uma rede ampla de transformações que, se forem concretizadas, converterão o Brasil em um país capaz de produzir – e não só consumir – a civilização moderna.[58]

Essa visão positiva de Lula passou a integrar a obra *A contestação necessária*, um de seus dois livros publicados postumamente. *A contestação* reúne vários perfis de contestadores da ordem escritos por Florestan ao longo da vida. O livro divide esses heróis de Florestan em três grupos: "O intelectual e a radicalização das idéias" (Lula figura nessa primeira parte, ao lado de José Martí, José Carlos Mariátegui, Caio Prado Júnior, Roger Bastide, Antonio Candido, Octavio Ianni e Richard Morse), "Prática política radical" (que inclui Luís Carlos Prestes, Gregório Bezerra, Carlos Marighella, Hermínio Sacchetta, Cláudio Abramo e Henfil) e "Reforma educacional", dedicado exclusivamente a Fernando de Azevedo. Apesar de fazer sempre um elogio à atuação dessas figuras, Florestan não deixa de criticá-las, quando discorda de suas idéias ou atuações, com uma franqueza que, muitas vezes, pode constranger o leitor pouco acostumado com o rigor de suas avaliações.

O livro, com essa forma, na verdade nasceu de uma recusa. Florestan oferecera à Cortez, que já publicara obras suas, um

---
[57] Ibidem, p. 47.
[58] Ibidem, p. 49 e 50.

volume intitulado *Em busca do socialismo*[59]. A editora considerou-o ultrapassado, dada a queda dos regimes do Leste Europeu, e decidiu não lançá-lo. Florestan, por sugestão de Vladimir Sacchetta, decidiu organizar um livro de perfis, que acabou sendo finalizado no hospital, durante as últimas internações antes do transplante. O prefácio tem como data 20 de julho de 1995, antevéspera do seu 75º aniversário e três semanas antes da operação, e a edição foi lançada ainda em 1995. A parte "cortada" resultaria no segundo livro póstumo, recuperando o título *Em busca do socialismo*, organizado por Oswaldo Coggiola, com algumas alterações em relação ao projeto original – e com um bem sustentado ensaio do historiador sobre a influência do pensamento trotskista em Florestan.

Florestan, como se vê, trabalhou até quando pôde. Acostumado com os imprevistos que a hepatite lhe apresentava de vez em vez, deixava sempre algumas colunas para a *Folha* na gaveta, com temas mais frios, chegando, por vezes, a comentar obras cinematográficas. As colunas de gaveta permitiram que Florestan praticamente não perdesse o espaço que considerava valioso na página 2 da *Folha de S.Paulo*, que assumiu em 1989, quando substituiu Lula, então candidato à Presidência.

Com três colunas na gaveta[60], Florestan – debilitado, com a barriga inchada, sofrendo com hemorragias – partiu, numa madrugada de sexta-feira, 4 de agosto, para o Hospital das Clínicas. Cumprimentou como de costume o porteiro do prédio em que morava[61], e avisou-o de que se submeteria a um transplante de fígado, último esforço na esperança de uma vida um

---

[59] Segundo Vladimir Sacchetta, em entrevista ao autor.
[60] "O rateio da pobreza", publicada em 11/8/1995, um dia após sua morte, "A situação histórica concreta" e "Custos sociais do capitalismo", ambas publicadas no caderno *Mais!*, em 20/8/1995.
[61] Beatriz Fernandes, em entrevista ao autor.

pouco mais digna. A intervenção – que durou 19 horas, sendo cinco delas com Florestan "anepático", ou seja, sem um fígado ativo –, ao invés de prolongar, abreviaria sua vida.

Na verdade, esse é um risco que todo transplantado corre. Muitos perigos envolvem a operação, entre eles a rejeição, ou seja, a reação do próprio organismo ao órgão estranho, e as infecções oportunistas, que se aproveitam da redução da atividade do sistema imunológico, induzida por meio de drogas poderosas, que também podem provocar um enorme cabedal de efeitos colaterais. Tais questões tornam-se ainda mais problemáticas num paciente na idade e nas condições de saúde de Florestan. Com 75 anos completos, nosso personagem seria um receptor bastante atípico de transplante de fígado ainda nos dias de hoje – apesar dos avanços ocorridos na área nos últimos dez anos.

Florestan concedeu em duas sessões, poucos dias antes da operação, uma longa entrevista a Paulo Moreira Leite, em que expõe de modo claro a forma como encarava a cirurgia. Nela, o sociólogo cita a consciência do risco que corria, mas mostra uma enorme esperança no possível resultado do transplante, que, naquele momento, aguardava apenas o surgimento de um fígado compatível.

> Em termos práticos, é a opção de morrer de uma maneira ingrata, porque, veja bem, quatro internações sucessivas e o que eu tenho sofrido para chegar a esse estado de prostração não é pouca coisa. Eu acho sério e é um índice de que eu morrerei tragicamente, porque a doença se complica.

Florestan também fala da possibilidade de se tratar e mesmo fazer o transplante nos Estados Unidos. Condecorado com a Ordem do Rio Branco, a mais alta ordem da República, que dá aos agraciados, nas suas viagens ao exterior, os mesmos direitos que têm, por necessidade da função, o corpo diplomático, Florestan teria os custos de qualquer tratamento médico bancado pelo Estado brasileiro. A imagem da cerimônia da condecoração, aliás, é impressionante, porque mostra toda a debilidade física de Florestan.

Além disso, para o então presidente Fernando Henrique Cardoso, ao sair do país, Florestan (e qualquer outro político em condições análogas) escaparia de uma indesejável, porém possível, confusão de interesses por parte dos médicos que cuidavam de sua saúde, sujeitos à tentação de se utilizar do prestígio do ex-deputado não apenas no PT, mas também entre figuras do governo, a começar pelo próprio FHC, para a obtenção de vantagens.

Na época, Florestan não recorreu ao tratamento nos Estados Unidos com dois tipos de argumentos, na verdade interligados: um, de que aquilo seria um privilégio, que ele não poderia aceitar. O outro, de que confiava na ciência brasileira, apesar das dificuldades de recursos e das oportunidades de operação, e que seria uma incoerência não prestigiá-la:

> Desde que comecei a trabalhar com temas sociológicos, sempre defendi a autonomia e o desenvolvimento relativo do Brasil. Quando chegou a minha vez, em que eu deveria provar que sou coerente, pularia do barco e diria que estou fora do jogo, vou fazer a operação nos Estados Unidos? Seria uma incongruência muito grande. Então aquilo se converteu num problema ético. Eu não sou melhor do que os outros.

Florestan citou também o tratamento carinhoso que recebeu nas internações pela equipe brasileira: "Tinha revelado tanta vontade que eu fizesse a operação aqui que me parecia que eu trairia já não a expectativa dos médicos, mas a amizade, não aceitando o que eles queriam que eu fizesse"[62]. A entrevista não traz projetos e expectativas futuros, mas a família afirma que Florestan saiu de uma das reuniões com seu médico confiante de que poderia vir a usufruir ótima condições de vida, readquirindo uma vida sexual ativa e podendo ter até vinte anos de sobrevida (o que permitiria que ele vivesse até fantásticos 95 anos)[63].

---

[62] Trechos do texto integral da entrevista concedida a Paulo Moreira Leite para a revista *Veja*, 1995 (mimeo.).
[63] Segundo Heloísa Fernandes, Florestan Fernandes Jr. e dossiê organizado por Vladimir Sacchetta.

Alguns meses antes do transplante, Florestan escreveu uma coluna em defesa da construção do Instituto do Fígado e do Alcoolismo[64], a ser comandado por seu médico, Silvano Raia, na *Folha de S.Paulo*. A coluna foi "segurada" por Vladimir Sacchetta, dado o seu possível efeito político negativo, até que, pressionado pelo autor, o jornalista, que continuou a assessorá-lo mesmo findo o mandato, liberou-a para a publicação. Raia estava ligado politicamente a Paulo Maluf (fora seu secretário de saúde) e a reação petista ao apoio de Florestan à idéia veio pela caneta do vereador Adriano Diogo, que escreveu uma dura carta à *Folha*, na qual elogia a análise da "gênese do quadro de saúde da população brasileira", mas critica duramente a "prioridade estratégica" para o transplante de fígado em detrimento de empreendimentos de prevenção das doenças. Diogo ainda deixa clara a queixa quanto à ligação particular de Raia e Florestan:

> Por último, é lamentável que o médico Silvano Raia se aproveite do fato de ter tratado o paciente Florestan para aliciá-lo para uma causa particular. Igualmente lamentável é o fato de o paciente Florestan ter concordado com essa estratégia antiética e mesquinha.[65]

Florestan respondeu, numa mesma coluna, a Adriano Diogo e a Darcy Ribeiro, então senador pelo PDT. Darcy "atropelara" anos de discussão da Lei de Diretrizes e Bases da Educação e apresentara um substitutivo para o texto aprovado na Câmara. Florestan escreveu na *Folha* contra o substitutivo e o método utilizado por Darcy, que respondeu duramente à crítica no mesmo dia em que a carta do vereador fora publicada. Florestan diz que "os comentários de intenção crítica podem ser vistos como a cura dos furúnculos", e que seus autores ora "empregam

---
[64] *Folha de S.Paulo*, 17/4/2005.
[65] Ibidem, 23/4/1995.

com sagacidade o bisturi", ora optam, "como o sargento de Baldus, pelo sabre e o iodo". Mas havia ainda "os que usam o tacape". Sobre Diogo, Florestan diz que o vereador fez uma suposição gratuita e que não foi induzido por Raia a apoiar o projeto, enumerando os médicos que cuidaram do seu fígado anteriormente. Quanto a Darcy, Florestan enumera vários pontos que considera injustos no artigo que o senador escrevera para afirmar que ele manejara o tacape "no decorrer de todo o seu artigo":

> Chega a ser pusilânime a afirmação de que ignorei os estudantes pobres e que a versão da lei aprovada pela Câmara dos Deputados entronca-se à herança da ditadura. Por aqui penetramos no terreno da má-fé e da injúria. Lamento que um amigo íntimo se valha desse expediente em sua autodefesa. A minha vida, com fidelidade a origens de que me orgulho, e meu comportamento contra dois regimes fascistas – o de Getúlio Vargas e o dos militares – respondem por mim.[66]

A cirurgia a que se submeteu Florestan, conduzida pela equipe de Raia e Sérgio Mies no dia 4 de agosto de 1995, e o pós-operatório, como se sabe, foram um enorme fracasso. Na época, o diretor do Hospital das Clínicas, Irineu Velasco, chegou a afirmar que "o transplante deu errado e a morte do sociólogo era certa" e que seu caso poderia ser comparado ao de "um paciente terminal de câncer que é atropelado por um caminhão ao atravessar a rua"[67]. O fígado, apesar de compatível, estava contaminado com a bactéria causadora da sífilis, o que obrigou a aplicação de uma elevada dose de antibióticos no paciente logo após a operação. Florestan entrou num processo progressivo de falência dos órgãos. Com os rins funcionando cada vez menos, foi submetido a uma sessão de hemodiálise no dia 9 de agosto de

---

[66] Ibidem, 1/5/1995.
[67] *Veja*, 6/9/1995.

1995, iniciada às 21 horas. Durante o procedimento, supostamente em decorrência de uma embolia gasosa, ou seja, a entrada de ar no sistema circulatório (a enfermeira que deveria estar acompanhando o processo próximo ao paciente havia ido ao toalete e deixado uma auxiliar em seu lugar), Florestan teve uma parada cardíaca por volta da 1 hora, foi reanimado, mas morreu em torno de 2h30 do dia 10 de agosto.

As dúvidas sobre o que ocorreu nessa madrugada começaram a surgir já no dia seguinte. A embolia gasosa nessas condições, que é, em si, uma intercorrência cuja possibilidade foi questionada por alguns especialistas, não foi indicada no primeiro atestado de óbito, que apontou falência múltipla dos órgãos, o transplante e a hepatite como causas da morte. O corpo de Florestan, velado no próprio dia 10 na Faculdade de Filosofia, Letras e Ciências Humanas da USP (com a presença de Ruth Cardoso e a ausência de Fernando Henrique, o que tem um significado mais político – sua presença tendia a ser hostilizada pelos presentes – do que pessoal, pois os dois mantiveram contato até pouco antes da operação), coberto com uma bandeira do Movimento Sem Terra (no dia anterior ocorrera o massacre de Corumbiara, em que dez acampados foram mortos), chegou a ser encaminhado para a Vila Alpina, onde seria cremado. Antes da cremação, no entanto, um grupo de policiais do 14º DP requisitou o corpo. Após uma breve negociação entre a família, a polícia e a administração do crematório, foi prestada uma homenagem a Florestan – que incluiu o canto do hino da Internacional, seguindo a gravação de um coro cubano – e o corpo foi levado ao Instituto Médico Legal.

A necropsia, procedimento que poderia (ou mesmo deveria) ter sido feito logo após a sua morte, dado o fato de que se submetera a uma cirurgia não rotineira e que seu caso, como de todo transplantado, àquela altura, tinha interesse científico, foi conduzida pelo diretor do IML, Carlos Delmonte. É Delmonte quem indicaria como causa da morte a embolia gasosa, contrariando a versão anterior, assinada pelos médicos Pedro Caruso e William Abraão Saad Júnior.

Um longo processo correu no Conselho Regional de Medicina sobre o caso, a pedido da família, em que se questionavam vários procedimentos da equipe de Raia e, principalmente, a forma como Florestan foi convencido de que a cirurgia seria uma boa alternativa para o seu caso. Nem Raia nem Mies foram considerados responsáveis pela morte do sociólogo. Por questões ligadas à ética médica, Raia sofreu uma advertência sigilosa do Conselho Regional de Medicina (CRM), recorreu da decisão e a advertência foi revista. A única punição severa foi para a enfermeira, Eloisa Aparecida Pereira, condenada na Justiça comum por homicídio culposo (sem intenção) por negligência. Eloisa cumpriu a pena e foi mantida afastada da carreira por um período de tempo, já concluído, por decisão do Conselho Regional de Enfermagem.

O fato é que a morte de Florestan decorreu de dois graves erros: o primeiro, em 1975, quando recebeu sangue contaminado, e o segundo, em 1995. Dito isso, podemos invocar uma frase que ele escreveu num belo texto sobre Henfil, também vítima de uma transfusão com sangue contaminado, nesse caso pelo HIV: "Podemos condenar o governo e os serviços públicos de saúde por sua morte, um crime evidente por si mesmo"[68].

---

[68] *A contestação necessária*, p. 174.

Agradecimentos

Florestan Fernandes nunca quis escrever uma autobiografia. Achava que perderia tempo precioso, tempo que poderia dedicar ao estudo e à militância. Por outro lado, a partir dos anos 1970, transformará sua própria experiência pessoal em objeto de reflexão, por meio de entrevistas, artigos e discursos políticos.

Isso me obriga, antes de agradecer aos que tiveram a paciência de atender-me, a dizer que a feitura deste livro não seria possível sem o trabalho daqueles que recolheram os mais importantes depoimentos de Florestan Fernandes. Refiro-me, primeiro, a Antônio Trajano Menezes Arruda, Caio Navarro de Toledo, João Francisco Tidei Lima e Ulysses Guariba Netto, que realizaram, em duas sessões na casa da rua Nebraska, ainda em 1974, uma grande entrevista, publicada originalmente na revista *Trans/Form/Ação*, da Faculdade de Filosofia, Ciências e Letras de Assis. Nela, como afirma Jaime Pinsky, o organizador da coleção que a publicou em livro, com o título *A condição de sociólogo*, em 1978, Florestan retoma "na primeira pessoa, temas que só havia tratado até então na terceira". Também sou devedor do trabalho de Alfredo Bosi, Carlos Guilherme Mota e Gabriel Cohn, que em 1981 entrevistaram Florestan para o Museu da Imagem e do Som e publicaram seu conteúdo na revista *Novos Estudos*. Somados ao texto "Em busca de uma sociologia crítica e militante", capítulo de *A sociologia no Brasil*, e a outra entrevista, à revista *Nova Escrita – Ensaio*, esses relatos se tornaram a principal fonte de informações sobre sua vida. Devo citar ainda grandes entrevistas concedidas para a imprensa, em especial a Paulo de Tarso Venceslau, para a revista *Teoria e Debate*, a Paulo Moreira Leite, para a *Veja*, às quais tive acesso na íntegra. Nelas, mas também em momentos pontuais de outras conversas, percebemos claramente como Florestan seleciona fatos de sua experiência pessoal e os transforma em relatos de vida (num processo analisado por José de Souza Martins em um dos textos de *Florestan: sociologia e consciência social no Brasil*) capazes de explicar não só sua trajetória, mas a sociedade e suas potencialidades e limitações.

Antonio Candido, Fernando Henrique Cardoso, Myrian Rodrigues Fernandes, Florestan Fernandes Jr., Beatriz Fernandes, Paulo Silveira, Plínio de Arruda Sampaio, Ivan Valente e Luiz Eduardo Greenhalgh concederam-me entrevistas generosas. Heloísa Fernandes não apenas atendeu-me com paixão pelo assunto, ou seja, seu pai, como ainda, polidamente, ajudou-me, sempre que precisei, a corrigir imprecisões factuais relevantes. Vladimir Sacchetta, cuja amizade com Florestan é uma bela herança deixada por seu pai, Hermínio Sacchetta, além de cuidar da primorosa pesquisa iconográfica deste livro, abriu-me seus arquivos e foi mais do que "entrevistado". No fim dos trabalhos neste volume, seus papéis serão doados para a biblioteca da Universidade Federal de São Carlos, onde, nas mãos de Ligia Maria Silva e Souza, Vera Lúcia Coscia e sua equipe, serão muito bem cuidados, ampliando um pouco mais o já enorme acervo de Florestan.

Muita gente me ajudou, das mais variadas formas, neste projeto, e não poderia deixar de nomear Rodrigo Ricupero, Zélia

Heringer de Moraes, Eduardo Nunomura, Maria Hirzman, Plínio de Arruda Sampaio Jr., Isabella Marcatti, Armando Antenore, Cynara Menezes, Renato Franzini Jr., Marcílio Kimura, Vera Lúcia Amaral Ferlini, Rosângela Ferreira Leite, Marcelo Rezende, Fernando Oliva, Lincoln Secco, Eunice Ostrensky, Márion Strecker, Tereza Rangel, Robson Alves Ferreira, meus irmãos Cínthia e Henrique Ceravolo Sereza, meu pai, José Sereza, e minha mãe, Marilza Monteiro Ceravolo Sereza, grandes companheiros. Ana Maria Luzio e Claudio Bertolli Filho, estes últimos "ex-proprietários" de um dos livros que mais utilizei, sem saber e sem me conhecer, tornaram muito mais lúdica a tarefa de encontrar livros e me preocupar com Florestan.

Bibliografia

ADUSP. *O livro negro da USP*. São Paulo, Associação dos Docentes da USP/Brasiliense, 1979.

AMERICANO, Jorge. *A Universidade de São Paulo*: dados, problemas e planos. São Paulo, Revista dos Tribunais, 1947.

ALMEIDA, Paulo Roberto de. O paradigma perdido. In: D'INCAO, Maria Angela (Org.). *O saber militante*: ensaios sobre Florestan Fernandes. São Paulo, Paz e Terra/Editora da Unesp, 1987.

ARRUDA, Maria Arminda do Nascimento. A sociologia no Brasil: Florestan Fernandes e a "escola paulista". In: MICELI, Sérgio (Org.). *História das ciências sociais no Brasil*. São Paulo, Sumaré, 1995. v. 2, p. 107-231.

_____ & GARCIA, Sylvia Gemignani. *Florestan Fernandes, mestre da sociologia moderna*. Brasília, Paralelo 15, 2003.

AZEVEDO, Fernando de. *A educação pública em São Paulo*: problemas e discussões. São Paulo, Companhia Editora Nacional, 1937.

_____. *Figuras do meu convívio (Obras completas de Fernando de Azevedo, v. XVII)*. São Paulo, Melhoramentos, s. d.

BASTOS, Élide Rugai. A questão racial e a revolução burguesa. In: D'INCAO, Maria Angela (Org.). *O saber militante*: ensaios sobre Florestan Fernandes. São Paulo, Paz e Terra/Editora da Unesp, 1987.

BOAVENTURA, Maria Eugenia. *O salão e a selva*. São Paulo, Ex Libris/Editora da Unicamp, 1995.

BOSI, Ecléa. *O tempo vivo da memória*. São Paulo, Ateliê, 2003.

CAMARGOS, Marcia Mascarenhas de. A questão do negro. *Revista de História*, São Paulo, USP, n. 129-31, 1993-1994.
CANDIDO, Antonio. *Florestan Fernandes*. São Paulo, Fundação Perseu Abramo, 2001.
CARDOSO, Fernando Henrique. *Capitalismo e escravidão no Brasil meridional*. Rio de Janeiro, Civilização Brasileira, 2003.
CARDOSO, Miriam Limoeiro. Sobre *A revolução burguesa no Brasil*. In: D'INCAO, Maria Angela (Org.). *O saber militante*: ensaios sobre Florestan Fernandes. São Paulo, Paz e Terra/Editora da Unesp, 1987.
_____. A paixão pelo saber. In: D'INCAO, Maria Angela (Org.). *O saber militante*: ensaios sobre Florestan Fernandes. São Paulo, Paz e Terra/ Editora da Unesp, 1987.
CARVALHO, Mario Cesar. Céu e inferno de Gilberto Freyre. *Folha de S.Paulo*, São Paulo, 12/3/2000. Caderno Mais!
CERQUEIRA, Laurez. *Florestan Fernandes, vida e obra*. São Paulo, Expressão Popular, 2004.
CONH, Gabriel. O ecletismo bem temperado. In: D'INCAO, Maria Angela (Org.). *O saber militante*: ensaios sobre Florestan Fernandes. São Paulo, Paz e Terra/Editora da Unesp, 1987.
_____. Florestan Fernandes – a revolução burguesa no Brasil. In: MOTA, Lourenço Dantas (Org.). *Introdução ao Brasil*: um banquete no trópico. São Paulo, Senac, 1999.
_____. Florestan Fernandes e a posição plebéia da sociologia. *Estudos Avançados*, 2005. No prelo.
D'INCAO, Maria Angela. *O saber militante*: ensaios sobre Florestan Fernandes. São Paulo, Paz e Terra/Editora da Unesp, 1987.
DURHAM, Eunice R. Formando gerações. In: D'INCAO, Maria Angela (Org.). *O saber militante*: ensaios sobre Florestan Fernandes. São Paulo, Paz e Terra/Editora da Unesp, 1987.
FAUSTO, Carlos. Fragmentos de história e cultura tupinambá: da etnologia como instrumento crítico de conhecimento etno-histórico. In: CUNHA, Manuela Carneiro da (Org.). *História dos índios no Brasil*. São Paulo, Companhia das Letras, 1998.
FERNANDES, Heloísa Rodrigues. Amor aos livros: reminiscências de meu pai em sua biblioteca. In: MARTINEZ, Paulo Henrique (Org.). *Florestan ou o sentido das coisas*. São Paulo, Boitempo/Maria Antonia-USP, 1998.
_____. *Memorial*. Faculdade de Filosofia, Letras e Ciências Humanas da USP, 1992.
FERNANDES, Florestan. *A organização social dos Tupinambá*. São Paulo, Instituto Progresso Editorial, 1949.
_____. *Fundamentos empíricos da explicação sociológica*. São Paulo, Companhia Editora Nacional, 1967.

FERNANDES, Florestan. *A função social da guerra na sociedade Tupinambá.* 2. ed. São Paulo, Pioneira/Edusp/Museu Paulista, 1970.
_____. *Brancos e negros em São Paulo.* Em colaboração com Roger Bastide. 3. ed. São Paulo, 1971.
_____. *A investigação etnológica no Brasil e outros ensaios.* Petrópolis, Vozes, 1975.
_____. *A revolução burguesa no Brasil.* Rio de Janeiro, Zahar, 1975.
_____. *Universidade brasileira*: reforma ou revolução? São Paulo, Alfa-Omega, 1975.
_____. *A sociologia numa era de revolução social.* 2. ed. Rio de Janeiro, Zahar, 1976.
_____. *Ensaios de sociologia geral e aplicada.* 3. ed. São Paulo, Pioneira, 1976.
_____. *A sociologia no Brasil.* Petrópolis, Vozes, 1977.
_____. *A condição de sociólogo.* São Paulo, Hucitec, 1978.
_____. *A integração do negro na sociedade de classes.* 3. ed. São Paulo, Ática, 1978. v. 1 e 2.
_____. (Org.). *Lenin*: política. São Paulo, Ática, 1978 (Coleção Grandes Cientistas Sociais).
_____. A pessoa e o político [Entrevista]. *Nova Escrita – Ensaio*, São Paulo, n. 8, 1981.
_____. *O que é revolução?* São Paulo, Brasiliense/Abril Cultural, 1984. (Coleção Primeiros Passos).
_____. *A questão da USP.* São Paulo, Brasiliense, 1984.
_____. Introdução. In: _____ (Org.). *Lenin*. São Paulo, Ática, 1985.
_____. *Que tipo de república?* São Paulo, Brasiliense, 1986.
_____. O renascimento da universidade. In: D'INCAO, Maria Angela (Org.). *O saber militante*: ensaios sobre Florestan Fernandes. São Paulo, Paz e Terra/Editora da Unesp, 1987.
_____. *A Constituição inacabada.* São Paulo, Estação Liberdade, 1989.
_____. Florestan Fernandes. Entrevista a Paulo de Tarso Venceslau. *Teoria e Debate* (versão publicada e integral), n. 13, São Paulo, PT, 1991.
_____. *Em busca do socialismo.* São Paulo, Xamã, 1995.
_____. *A contestação necessária.* São Paulo, Ática, 1995.
_____. Florestan Fernandes, história e histórias. *Novos Estudos*, São Paulo, Cebrap, 42, 1995. Entrevista concedida a Alfredo Bosi, Carlos Guilherme Mota e Gabriel Cohn para o Museu da Imagem e do Som, em 26/6/1981.
_____. Entrevista a Paulo Moreira Leite, para a revista *Veja*, 1995. (Mimeo).
_____. Florestan Fernandes por ele mesmo (cartas organizadas por Barbara Freytag). *Estudos Avançados*, São Paulo, IEA, n. 26, 1996.

FERNANDES, Florestan. O significado de um mandato. In: MARTINEZ, Paulo Henrique (Org.). *Florestan ou o sentido das coisas*. São Paulo, Boitempo/Maria Antonia-USP, 1998.
_____. *Folclore e mudança social na cidade de São Paulo*. 3. ed. São Paulo, Martins Fontes, 2004.
FERREIRA, Oliveiros S. Maria Antonia começou na praça. In: SANTOS, Maria Cecília Loschiavo dos (Org.). *Maria Antonia, uma rua na contramão*. São Paulo, Nobel, 1988.
FREITAG, Barbara. Democratização, universidade, revolução. In: D'INCAO, Maria Angela (Org.). *O saber militante*: ensaios sobre Florestan Fernandes. São Paulo, Paz e Terra/Editora da Unesp, 1987.
_____. Florestan Fernandes: revisitado. *Estudos Avançados*, 2005. No prelo.
GARCIA, Sylvia Gemignani. *Destino ímpar*: sobre a formação de Florestan Fernandes. São Paulo, Editora 34, 2002.
GORENDER, Jacob. A revolução burguesa e os comunistas. In: D'INCAO, Maria Angela (Org.). *O saber militante*: ensaios sobre Florestan Fernandes. São Paulo, Paz e Terra/Editora da Unesp, 1987.
_____. *Combate nas trevas*. São Paulo, Ática, 1998.
IANNI, Octavio. Sociologia crítica. In: D'INCAO, Maria Angela (Org.). *O saber militante*: ensaios sobre Florestan Fernandes. São Paulo, Paz e Terra/Editora da Unesp, 1987.
LÖWY, Michael. *Para uma sociologia dos intelectuais revolucionários*. São Paulo, Lech, 1979.
MARTINEZ, Paulo Henrique (Org.). *Florestan ou o sentido das coisas*. São Paulo, Boitempo/Maria Antonia-USP, 1998.
MARTINS, José de Souza. *Florestan*: sociologia e consciência social no Brasil. São Paulo, Edusp, 1998.
MELLO E SOUZA, Gilda de. *O espírito das roupas*: a moda no século dezenove. São Paulo, Companhia das Letras, 1987.
MICELI, Sergio (Org.). *História das ciências sociais no Brasil*. São Paulo, Vértice, 1989. v. 1.
MOTA, Carlos Guilherme. *Ideologia da cultura brasileira*. São Paulo, Ática, 1977.
_____. O intelectual e o político. In: D'INCAO, Maria Angela (Org.). *O saber militante* – ensaios sobre Florestan Fernandes. São Paulo, Paz e Terra/Editora da Unesp, 1987.
NASCIMENTO, Abdias do (Dir.). *Quilombo*: vida, problemas e aspirações do negro. Edição fac-similar. São Paulo, Editora 34, 2003.
NETTO, José Paulo. A recuperação marxista da categoria de revolução. In: D'INCAO, Maria Angela (Org.). *O saber militante*: ensaios sobre Florestan Fernandes. São Paulo, Paz e Terra/Editora da Unesp, 1987.
PONTES, Heloísa. *Destinos mistos*: os críticos do grupo Clima em São Paulo. São Paulo, Companhia das Letras, 1998.

RENNER, Cecília Helena Ornelas. Marco zero do processo histórico brasileiro: os Tupinambá. In: D'INCAO, Maria Angela (Org.). *O saber militante*: ensaios sobre Florestan Fernandes. São Paulo, Paz e Terra/ Editora da Unesp, 1987.

SAMPAIO JR., Plínio de Arruda. *Entre a nação e a barbárie*: uma leitura da contribuição de Caio Prado Jr., Florestan Fernandes e Celso Furtado à crítica do capitalismo dependente. Petrópolis, Vozes, 1999.

REVISTA ADUSP. *Florestan Fernandes*: edição especial. São Paulo, Associação de Docentes da USP, n. 4, 1995.

REVISTA USP. *Dossiê Florestan Fernandes*. São Paulo, Coordenadoria de Comunicação Social/Universidade de São Paulo, 1996.

SCHNAIDERMAN, Boris. Leituras de Florestan Fernandes: Vladimir Maiakóvski. In: MARTINEZ, Paulo Henrique (Org.). *Florestan ou o sentido das coisas*. São Paulo, Boitempo/Maria Antonia-USP, 1998.

SECCO, Lincoln. A sociologia como previsão: Florestan e a Revolução dos Cravos. In: MARTINEZ, Paulo Henrique (Org.). *Florestan ou o sentido das coisas*. São Paulo, Boitempo/Maria Antonia-USP, 1988.

_____. *A Revolução dos Cravos e a crise do império colonial português*: economias, espaços e tomadas de consciência. São Paulo, Alameda, 2004.

SEVCENKO, Nicolau. *Orfeu extático na metrópole*: São Paulo, sociedade e cultura nos frementes anos 1920. São Paulo, Companhia das Letras, 1992.

SILVEIRA, Heloísa Fernandes. Florestan, herdeiros e leitores. *Caros Amigos*, n. 98, p. 10, 2005.

SILVEIRA, Paulo. Um publicista revolucionário. In: D'INCAO, Maria Angela (Org.). *O saber militante*: ensaios sobre Florestan Fernandes. São Paulo, Paz e Terra/Editora da Unesp, 1987.

SOARES, Eliana Veras. *Florestan Fernandes*: o militante solitário. São Paulo, Cortez, 1997.

TRAGTENBERG, Maurício. *Memórias de um autodidata no Brasil*. São Paulo, Escuta/Fadesp/Unesp, 1999.

VIVEIROS DE CASTRO, Eduardo B. *Araweté*: os deuses canibais. Rio de Janeiro, Jorge Zahar, 1986.

Arquivos consultados

Arquivo Público do Estado de São Paulo
Banco de Dados de São Paulo (*Folha de S.Paulo*)
Biblioteca de Florestan Fernandes – Universidade Federal de São Carlos
Companhia da Memória
Instituto de Estudos Brasileiros

Apêndice
O homem e a cidade metrópole

Vista do Viaduto do Chá, uma das primeiras obras monumentais da cidade metrópole, no final dos anos 1950.

Pouco se sabe ainda sobre as grandes transformações sociais recentes da cidade de São Paulo. Algumas pesquisas revelam certos aspectos dessas transformações. Mas faltam-nos dados positivos a respeito de todas as coisas essenciais na vida de uma metrópole.

As anotações que compõem o presente artigo baseiam-se, portanto, em meras opiniões. Precisam ser encaradas com extrema cautela e reserva. O sociólogo não é menos suscetível de cometer erros de interpretação que os leigos, quando trata de fenômenos sociais mal conhecidos. Só com base nos resultados de investigações metódicas é possível evitar os riscos da improvisação ou do conhecimento imperfeito da realidade. Contudo, achamos que, em certas circunstâncias, é preferível romper o silêncio e discutir as coisas de modo subjetivo, a conservar a reflexão sociológica afastada dos problemas cruciais da atualidade.

O cenário ecológico

A expansão de São Paulo constitui, em grande parte, o fruto de uma posição geográfica favorável. As funções administrativas, governamentais e econômicas da cidade não seriam de grande proveito para seu crescimento se a localização geográfica não fizesse dela um centro natural de confluência das atividades de várias regiões prósperas do Estado de São Paulo. O fato marcante é que S. Paulo converteu-se, rapidamente, em "grande cidade", apesar de as condições locais serem negativas e até impróprias ao surto urbano.

Sob esse aspecto, parece que o homem ganhou uma batalha contra a natureza. Por meios técnicos, suplementou aqui ou ali os recursos naturais, explorando vantajosamente, de forma mais passiva que ativa, as condições ecológicas porventura favoráveis ao crescimento urbano. A cidade espraiou-se pelo espaço vazio, estendendo suas fronteiras às áreas menos propícias à construção de habitações e à vida ou de acesso mais difícil, mesmo através dos modernos veículos de transporte. Tornou-se uma cidade de fronteiras móveis, capaz de manter, alimentar e expandir externas zonas suburbanas, compensando assim pela extensão horizontal o rápido crescimento vertical que a afetou.

A revolução por que passou o cenário ecológico pode ser referida em poucas palavras. Até os começos do século, a cidade ostentava uma organização ecológica típica das comunidades rurais-urbanas da América Latina. Com o aumento intensivo e contínuo da população, com a urbanização e a industrialização, sua configuração ecológica alterou-se, progressivamente, aproximando-se do padrão de organização ecológica das comunidades urbanas norte-americanas.

Seu "ar provinciano", nascido de construções e obras que representavam uma vitória recentíssima na luta do homem pelo progresso, sofreu impactos rudes e decisivos. Após o Martinelli, veio a onda de arranha-céus, que fixou a fisionomia material da "civilização do asfalto". E a cidade adquiriu novos contornos.

Os bairros saíram do marasmo, assumindo muito devagar a feição de satélites altamente suficientes do núcleo central urbano. Neles se encontra uma miniatura da vida comercial, bancária e recreativa que se concentrara no "centro da cidade". Doutro lado, a especialização e a concorrência alteraram a distribuição das atividades humanas e das instituições sociais no núcleo urbano, fazendo com que este se expandisse e se diferenciasse segundo um padrão ecológico definido. O antigo triângulo desapareceu como marco da área de negócios, os apartamentos substituíram as vetustas residências nobres e entre as duas zonas – a das atividades comerciais, bancárias ou administrativas e a residencial (de moradores em apartamentos) – situa-se uma faixa variável de vida social em transição, na qual velhos casarões servem para a instalação de pensões ou parece ser mais intensa a exploração comercializada do vício.

O lado dramático da transformação do cenário ecológico está na incapacidade do homem de promover alterações igualmente rápidas e profundas em seu sistema adaptativo. É certo que ela trouxe consigo benefícios palpáveis. Entre eles, cumpre mencionar a melhor distribuição e ocupação do espaço como o acesso de famílias modestas, que moravam nos porões ou nos cortiços, a habitações próprias, construídas em lugares mais saudáveis. O busílis, aqui, está na relação entre o substrato material da vida social e o crescimento progressivo dos serviços públicos, proporcionados por instituições oficiais ou particulares. O homem saído da antiga sociedade provinciana era destituído de padrões que regulassem suas escolhas e exigências no novo mundo em formação. Os espaços ocupados, o foram nas condições mais precárias. Com freqüência, sem serviços regulares de abastecimento de água potável, de esgotos, de assistência médica, de ensino, de calçamento, de iluminação pública etc. Nas áreas onde se processou o crescimento vertical propriamente dito, nada se fez para reajustar as vias de comunicação, os serviços de água ou de esgotos, de calefação etc., às estruturas dos prédios grandes e à maior concentração demográfica.

No conjunto, o homem conquistou o espaço, mas não o domesticou no sentido urbano. A jornada para o trabalho ou deste para o lar, por exemplo, está cheia de aventuras, de inconvenientes e de provações, produzindo um encurtamento indireto do período útil da vida humana. Deste ângulo, as perspectivas são sombrias, pois a menor calamidade pública exporia a cidade e seus habitantes a crises terríveis, dadas as lacunas do abastecimento de água e de víveres, das formas de proteção da saúde e de preservação da ordem.

Daí resulta que, apesar das aparências, não se criou um mundo social de substrato material verdadeiramente urbano e metropolitano. Este ainda precisa ser forjado pelo homem, como condição de adaptação da vida humana às novas situações de existência social.

A questão está em saber de onde tirar os recursos financeiros e técnicos para a realização de tão gigantesca empresa. Nesse terreno, no qual está em jogo a segurança e o conforto dos moradores da cidade tanto quanto a continuidade do progresso dela no futuro, falharam por diferentes motivos o empreendimento particular e o empreendimento oficial. O primeiro, pela ausência de previsão ou por causa do predomínio exclusivo de interesses egoísticos. O segundo, por incapacidade de renovação orgânica, que favorecesse o emprego crescente das técnicas de intervenção de controle racionais, exigidas pelas situações novas. É de esperar-se, contudo, que, sob a pressão das exigências do presente e do significado palpável que elas possuem para os indivíduos e para a coletividade, que se opere uma mudança substancial no estilo de ação do particular e dos órgãos oficiais. Essa é a condição de que depende o sucesso do homem na extensão da revolução urbana às esferas materiais mais profundas da existência humana, de modo a adaptar a organização ecológica da cidade aos requisitos especificamente urbanos da vida social.

O crescimento demográfico

Em 1950, data do último censo, a cidade de São Paulo possuía mais de sete vezes sua população de 1900, que era de 239.820 habitantes! Todos sabemos que esses números são produto, principalmente, do deslocamento de populações. O crescimento natural da população da cidade somou-se às massas de populações móveis, vindas do interior do Estado de São Paulo, de outros Estados brasileiros e de países estrangeiros. Daí resultou a convicção, acalentada com orgulho pelos paulistanos, de que "São Paulo é a cidade que mais cresce no mundo".

Conviria indagar, no entanto, o que se oculta sob semelhante índice de crescimento. Sob esse aspecto, São Paulo assemelha-se à terra revolvida pelo arado. O rebuliço nos quadros humanos foi completo e aqui se encontra um dos focos de explicação dos principais problemas sociais da cidade. A mobilidade demográfica intensa constitui uma condição adversa ao entrosamento da lealdade dos indivíduos ou de grupos de indivíduos com os interesses e os valores da coletividade como um todo. Por isso, em certas circunstâncias ela chega a afetar tanto as bases materiais quanto os fundamentos morais da ordem social estabelecida ou em processo de reintegração.

Parece fora de dúvida que isso vem ocorrendo em São Paulo, onde a extrema mobilidade dos vários extratos da população criou ambiente propício à predominância de interesses egoístas ou particularistas sobre interesses vitais para a comunidade propriamente dita.

As famílias tradicionais, pertencentes aos círculos conservadores da cidade, desenvolveram consciência parcial da situação.

Isso transparece nas avaliações etnocêntricas, aplicadas aos *estranhos*, de procedência nacional ou estrangeira, segundo as quais eles "não têm escrúpulos" por causa da "falta de amor por São Paulo" e do objetivo primordial de "enriquecer por qualquer meio". O fenômeno, porém, é mais complexo e apanha em suas malhas os próprios descendentes de famílias paulistanas tradicionais. Na verdade, a mudança cultural nos últimos cinqüenta anos foi tão rápida que os descendentes dessas famílias também se converteram em *estranhos*, pois foram educados para viver em uma sociedade que já não existe. Daí resultou o progressivo abandono do antigo código ético das camadas brasileiras dominantes, o qual restringia as oportunidades de competição por prestígio, por riqueza e por poder com os imigrantes ou seus descendentes e impedia a imitação das técnicas ou dos expedientes que asseguravam o seu sucesso, considerados como degradantes ou impróprios.

Aí está um esboço aproximado do que ocorreu, sobre e graças ao pano de fundo da mobilidade demográfica. As camadas móveis da população integraram-se a uma sociedade em mudança, na qual a base demográfica estável não era bastante numerosa e diferenciada para promover a imposição dos padrões preexistentes de solidariedade e de devoção aos interesses públicos. Indivíduos e grupos tiveram uma soma de liberdade para agir segundo atitudes e preferências egoísticas, que é incompatível inclusive com as tendências individualistas, requeridas pela ordem social capitalista.

É inegável que a condição apontada produziu influxos positivos. Ela acelerou a desagregação da antiga ordem social patrimonialista e, em particular, liberou incentivos fundamentais para a valorização de comportamentos racionais com relação a fins, para a prática rotineira da acumulação capitalista e para a luta pessoal por poder ou por prestígio social. Mas também teve conseqüências de caráter sociopático. Entre elas, vale a pena ressaltar o comportamento de ave de rapina, diante dos assuntos de interesse coletivo da cidade, e a persistência perigosa de avaliações pré-capitalistas na utilização da renda.

O primeiro ponto é facilmente ilustrável através da mentalidade e das ações do moderno político profissional e dos eleitores que formam a sua clientela. Sem se identificarem com a segurança e o futuro da cidade, mantêm-se cegos às necessidades prementes de reconstrução dos serviços públicos, quando não se limitam a explorar projetos de alcance demagógico. O segundo ponto pode ser ilustrado por meio de comportamentos muito generalizados entre os empreendedores capitalistas.

Encarando os lucros como efeito da própria capacidade de liderança e temendo as incertezas do ciclo econômico, muitos deles consomem verdadeiras fortunas suntuosamente ou as deslocam para fins neutros em face do desenvolvimento nacional. O aspecto sociopático desse compartimento é evidente. De um lado, ele se constitui em obstáculo à expansão de atitudes e técnicas racionais, indispensáveis ao fomento e ao aperfeiçoamento de empresas econômicas consistentes. De outro, concorre para a dissipação de recursos que não se produzem pela simples capacidade pessoal do empreendedor, já que as medidas protecionistas asseguram uma margem mínima de risco, com o fito de acelerar o desenvolvimento da economia brasileira à custa do sacrifício momentâneo do consumidor.

Ambos os exemplos atestam como se processam e justificam ajustamentos desfavoráveis ao bem-estar presente e à segurança futura da vida social na cidade. Esta ainda não se impõe como um valor supremo e indiscutível, pelo qual se deva trabalhar e combater.

As coisas muitas vezes se dão como se o homem fosse um forasteiro – e não parte permanente da cidade – disposto a reencetar a caminhada em direção a algo melhor. De todos os males que afligem São Paulo, esse é o maior. Mas só poderá ser removido lentamente, pela reeducação do homem e a formação de um cosmos moral compartilhável por todos os habitantes da cidade.

O desenvolvimento econômico

A esfera da economia é aquela que tem atraído para a cidade a admiração mais positiva e as avaliações mais grandiosas. De fato, a produção artesanal e industrial, bem como as atividades comerciais e bancárias, sofreram uma expansão contínua e ascendente a partir dos fins do século passado. Além disso, a cidade figura entre as comunidades urbanas brasileiras nas quais o nível de vida e o índice de duração média de vida estão entre os mais altos. Ela representa, de maneira típica, o que acontece com a organização social e a diferenciação econômica de comunidades relativamente desenvolvidas, que fazem parte de sociedades subdesenvolvidas. O progresso aparente cria ilusões, que dificultam a percepção e a explicação da realidade, agindo o homem "como se" a vida ocorresse nas mesmas condições que nos grandes centros urbanos de sociedades plenamente desenvolvidas. Os paralelos de confronto econômico são escolhidos através de raciocínios que põem a cidade no mesmo plano que Manchester ou Chicago, subestimando-se, por completo, o que o desenvolvimento de São Paulo significa em função do próprio Estado de São Paulo, do Brasil meridional e da sociedade brasileira como um todo. Esse estado de euforia e de consciência falsa realçam atitudes etnocêntricas, baseadas na pseudo-superioridade do "espírito de empreendimento" do "paulista", as quais agravam áreas menos privilegiadas da sociedade brasileira e restringem a escolha racional de atividades econômicas por assim dizer seletivas, verdadeiramente úteis para a diferenciação e o crescimento orgânico da economia nacional.

Na escala brasileira, a cidade de São Paulo desfruta, incontestavelmente, de prosperidade ímpar. O desenvolvimento econômico criou, nela, condições mais propícias à expansão da sociedade de classes, ao funcionamento da democracia e à constituição de um sistema educacional complexo, suscetível de servir como um canal de peneiramento e de ascensão sociais. Essas coisas são tão patentes, que o presente da nossa cidade oferece-nos uma imagem do futuro próximo das demais comunidades urbanas do Brasil e do futuro remoto do mundo rural adjacente. Trata-se, portanto, de uma prosperidade que produziu efeitos sociais positivos, seja para os que se beneficiaram dela, seja para os que nela se fundam para descrever o Brasil como "país de futuro".

Essa prosperidade, contudo, permite a persistência de problemas econômicos que deveriam ter sido submetidos a controle racional pelo homem e é insuficiente para forçá-lo a substituir representações obsoletas e improfícuas da natureza dos processos econômicos. A questão mais grave diz respeito à própria indiferença diante da forma de crescimento econômico da cidade. Ninguém tenta indagar se esse crescimento apresenta ou não analogias com ciclos econômicos anteriores da sociedade brasileira, com o fito de saber se seria possível evitar a repetição de eventos que fizeram da atividade econômica um sucedâneo de certas modalidades de devastação. Na verdade, há muitas similaridades estruturais e funcionais entre os modelos seguidos na industrialização e na urbanização de S. Paulo e o que se fez no passado, em períodos nos quais parecia inalterável a prosperidade assegurada pela cana-de-açúcar, pelo ouro ou pelo café. Como acontece em outros países subdesenvolvidos e de economia tropical, a ausência de equilíbrio nas relações campo-cidade contribui para dar ao crescimento econômico de São Paulo um caráter tumultuoso, desordenado e descontínuo em pontos vitais. Por isso, o perigo de uma "retratação" permanente existe e a cidade corre um risco que nos deve preocupar fundamentalmente. Ela poderá converter-se em uma *cidade morta* gigantesca. A única diferença patente entre os ciclos anteriores da economia brasileira e a situação econômica atual consiste em que dispomos, hoje, de maiores meios e recursos para interferir no curso das forças cegas e destrutivas, que ameaçam perenemente nossa evolução econômica. Daí a necessidade de elevar-se à esfera de consciência social e ao campo da ação deliberada conhecimentos e disposições que ponham o homem a serviço de sua cidade, nas fases críticas em perspectiva do processo de depuração e saneamento de nossa economia industrial e urbana.

Outra questão crucial relaciona-se com a distribuição desigual da renda. Esse é, como salientam os sociólogos e patologistas sociais norte-americanos, um problema social em todas as sociedades de economia capitalista. Nas sociedades subdesenvolvidas e de economia tropical, não obstante, esse problema social se agrava, em virtude da pesada herança recebida por tais países na esfera do pauperismo e do atraso cultural. Os contrastes sociais são mais drásticos e a diferença entre o "dependente", o "pobre" e o "rico" assume proporções desconhecidas onde o capitalismo enfrentou menores perturbações socioculturais. A conseqüência grave dessa situação possui duas polarizações distintas. De um lado, ela favorece a coexistência do luxo com a miséria nas suas formas mais extremas. De outro, ela reduz, consideravelmente, a influência dinâmica das tensões e conflitos nas relações das classes sociais. Tensões e conflitos perdem muito do seu caráter social construtivo, afetando mais as margens da luta pela subsistência e da sobrevivência, que a reconstrução social e a democratização das formas de participação social da cultura, da riqueza e do poder.

Além disso, existem outros problemas mais sutis. As sociedades subdesenvolvidas e de economia tropical não possuem todos os requisitos estruturais e dinâmicos indispensáveis ao desenvolvimento orgânico de um sistema de produção capitalista. O subaproveitamento crônico dos fatores materiais e humanos da produção contribui para manter concepções obsoletas de organização da empresa, de política econômica ou de relações entre o capital e o trabalho. A falta de equilíbrio e de integração orgânica cria insegurança em todos os agentes econômicos, independentemente de sua posição no processo econômico. Ela também engendra a convicção generalizada de que as atividades econômicas devem encontrar compensações imediatas, segundo os níveis mais altos possíveis. Com isso, o próprio agente econômico comporta-se de modo nocivo diante do desenvolvimento do sistema econômico, aumentando prejudicialmente a área de utilização improdutiva dos recursos disponíveis. Em tal clima, a desconfiança na continuidade do desenvolvimento ascendente das empresas e da própria prosperidade geral medra facilmente, estimulando as tendências ao emprego irracional de fatores exploráveis produtivamente. As camadas dominantes, em particular, se desinteressam por reinversões sucessivas do capital na própria empresa e abstêm-se de cooperar com os poderes públicos no controle dos problemas sociais e econômicos. Em conseqüência, deixam de arcar com a parcela de responsabilidade que lhes cabe na promoção do progresso social, através da participação direta ou indireta nos planos de expansão educacional, de formação de técnicos e de assistência social.

Como se vê, nesta esfera estamos a meio termo de uma revolução social, que está fazendo de São Paulo uma "cidade tentacular" sem a correspondente base econômica. Como ainda hoje é a exportação de produtos agrícolas que fornece recursos excedentes para a industrialização e a urbanização, a solução final de problemas internos nem sempre é acessível. A cidade depende, em projetos dessa ordem, de poderes autônomos externos – como o governo federal ou instituições estrangeiras. Essa realidade é chocante, especialmente numa comunidade ciosa de sua originalidade, independência e vigor econômico. Muitas ficções são criadas para disfarçá-la, para esconder as condições de heteronomia social da maior metrópole brasileira. Ela não deve impedir, porém, que o homem procure atuar em favor das tendências de desenvolvimento industrial e urbano da cidade. Esta se adiantou sobre o seu elemento humano. Mas, ele não só poderá conquistar o terreno perdido como exercer uma influência construtiva na configuração da economia metropolitana.

A diferenciação social

Mais que qualquer outra cidade brasileira, São Paulo é filha da grande revolução social que se operou no Brasil com a Abolição e a desagregação do regime servil. Provinciana e pacata, até os fins do século passado, ela foi, de fato, a primeira cidade autenticamente "burguesa" do Brasil. Muitos dos seus antigos senhores rurais fizeram fortuna em carreiras mercantis. A luta contra a escravidão e as campanhas republicanas contaram, aqui, com o entusiasmo típico do "homem da cidade"

– do operário, do cocheiro, do artesão, do caixeiro, do lojista, do burocrata, do profissional liberal ou do capitalista. Ela também foi uma das cidades em que o estrangeiro conseguiu mais depressa se afirmar econômica e socialmente. Em conjunto, portanto, São Paulo é a cidade brasileira na qual o desenvolvimento da ordem social de classes abertas tem sido mais intenso, rápido e orgânico no Brasil.

Em suma, a concentração demográfica, a industrialização e a urbanização criaram um mundo social novo em São Paulo. Esse mundo se caracteriza pela extrema diferenciação do sistema de posições sociais da cidade, em comparação com outras comunidades urbanas brasileiras, pelos modelos secularizados ou racionais de comportamento e de organização das instituições e pelo ritmo rápido de mudança que se manifesta em todas as esferas da vida. Análises clássicas sobre a formação da sociedade de classes, do capitalismo e da civilização tecnológica poderiam ser fundamentadas, empiricamente, com o que agora está acontecendo em São Paulo. A vitalidade social da cidade acentua-se sobretudo nesse plano, pois todos os caminhos estão abertos aos homens ambiciosos e às iniciativas ousadas. O apanágio da cidade como "terra da promissão" tem sofrido alguns golpes. Mas, no panorama social brasileiro, ela ainda é a aglomeração humana na qual existem maiores oportunidades de enriquecimento e de ascensão social.

No entanto, também nesta esfera a cidade enfrenta problemas que resultam da falta de entrosamento entre a sua expansão e a transformação do homem. A primeira foi rápida, por causa da pressão das condições materiais de existência. A segunda tem sido lenta, pois a mudança da natureza humana requer a própria transformação prévia da sociedade e das condições sociais de vida. Em conseqüência, muitas tensões e conflitos resultaram dessa situação paradoxal. O homem, carregando várias heranças predominantemente rurais, revela-se incapaz de ajustar-se às exigências do estilo urbano de vida. A crise institucional repousa, assim, nas limitações do horizonte cultural do "urbanista" improvisado. Com freqüência, ele se mostra incapaz de modificar a estrutura ou o rendimento de instituições herdadas do recente passado rural-urbano. Outras vezes, enfrenta problemas novos através de técnicas tradicionais ou obsoletas, voltando as costas à exploração de técnicas racionais importáveis ou ao valor do pensamento inventivo na rotina da vida urbana. Enquanto, isso, acumulam-se tensões sociais, provocadas por questões mal enfrentadas e pior resolvidas.

A outra dimensão desse drama é impessoal. Como parte de uma sociedade maior, subdesenvolvida, a cidade nem sempre dispõe de condições socioculturais favoráveis à expansão de suas funções urbanas e metropolitanas. Exemplo disso são as flutuações que vêm afetando a formação e o desenvolvimento das classes médias. Estas constituem uma condição importante ao equilíbrio de uma sociedade de classes e à estabilidade do regime democrático. Apesar de sua insegurança política, as classes médias exercem papel importante nos movimentos de opinião e nas decisões que ponham em choque os valores centrais da ordem estabelecida. Pois bem, as tendências à ampliação das classes médias em São Paulo e à diferenciação dos níveis de vida no seio delas estão sofrendo rudes golpes sob processo inflacionário. Seus extratos mais baixos tendem a nivelar-se com o proletariado; enquanto os extratos mais altos se encontram na contingência de recorrer ao endividamento para manter um nível de vida conspícuo e salvar as aparências.

Em outras palavras, a diferenciação social esbarra em dois obstáculos principais: o horizonte cultural do homem e as inconsistências de uma economia subdesenvolvida diante do regime de classes sociais. A cidade está passando por uma revolução social. Mas, esta não é plenamente percebida, entendida ou desejada por seus habitantes e está longe de encontrar correspondências dinâmicas vitalizadoras no contexto geral da sociedade brasileira. Como a história não se faz em um dia, aí temos mais uma evidência de que o nosso presente é rico de forças que trabalham por um futuro melhor. Os que pensam no Brasil como "país do futuro" têm em vista, naturalmente, cidades como São Paulo, nas quais se está forjando, verdadeiramente, a sociedade brasileira da era científica e tecnológica.

Florestan Fernandes

Texto publicado originalmente na edição especial do 30º aniversário do jornal *Diário de São Paulo* em 30 de abril de 1959 (caderno "Aspectos da civilização paulista", páginas não numeradas). A versão em livro, ampliada, encontra-se em *Mudanças sociais no Brasil*.

Cronologia

1920
Nasce em 22 de julho, em São Paulo, filho de Maria Fernandes, imigrante portuguesa.
A infância pobre, a realização de pequenos serviços e as constantes mudanças de endereço impediram que concluísse o curso primário.

1937
Trabalhando como garçom no bar Bidu, no centro de São Paulo, é estimulado, por freqüentadores, a voltar a estudar. No ano seguinte, inicia o curso de três anos de madureza (equivalente ao supletivo) e passa a trabalhar vendendo produtos farmacêuticos.

1941
Ingressa no curso de Ciências Sociais da Faculdade de Filosofia, Ciências e Letras da Universidade de São Paulo (FFCL-USP).

1944
Conclui o curso de Ciências Sociais na Universidade de São Paulo. Em 16 de setembro, casa-se com Myrian Rodrigues, com quem teve seis filhos – Heloísa, Noêmia, Beatriz, Silvia, Florestan e Miriam Lúcia – e com quem viveu até o fim da vida.

1945
Torna-se segundo-assistente na cátedra de Sociologia II da FFCL-USP.

1946
Traduz e escreve uma introdução para a *Contribuição à crítica da economia política*, de Karl Marx (Flama), para coleção organizada pelo amigo e companheiro de militância trotskista Hermínio Sacchetta.

1947
Torna-se mestre em Antropologia pela Escola Livre de Sociologia e Política de São Paulo, com a pesquisa *A organização social dos Tupinambá*.

1951
Doutora-se em sociologia, com a tese *A função social da guerra na sociedade Tupinambá*, na FFCL-USP.

1952
Assume o posto de assistente de Sociologia I, cátedra que assumiria dois anos depois, na condição de regente.

1953
Livre-docente da cadeira de Sociologia I da FFCL/USP, com a tese *Ensaio sobre o método de interpretação funcionalista na Sociologia*.

1960
Torna-se um dos líderes da campanha *Em defesa da escola pública*.

1964
Catedrático de Sociologia I com a tese *A integração do negro na sociedade de classes*.
É preso por criticar as perseguições policiais na FFCL-USP.

1965-1966
Visiting Scholar na Universidade de Colúmbia (EUA).

1968
Resistindo a pressões cada vez mais fortes, radicaliza as críticas contra a ditadura.

1969
É aposentado compulsoriamente pelo Ato Institucional nº 5.

1969-1972
Torna-se professor da Universidade de Toronto (Canadá).

1973
Regressa ao Brasil. Produz inúmeros artigos contra o regime militar.

1975
Publica *A revolução burguesa no Brasil* (Zahar), obra que combina conceitos weberianos e marxistas na interpretação do processo histórico brasileiro.

1977
Visiting Scholar da Universidade de Yale (EUA).

1978
De volta ao Brasil, passa a dar aulas nos programas de Pós-Graduação da PUC/SP, a convite de dom Paulo Evaristo Arns.
Atento às conjunturas políticas, estuda o pensamento de Lenin. Organiza uma coletânea de textos do dirigente russo para coleção Grandes Cientistas Sociais, da Ática, que coordenou, e promove a reedição de textos clássicos do marxismo.

1979
Ministra curso, na USP, sobre a revolução cubana.

1981
Publica *O que é revolução* (Brasiliense).

1983
Inicia colaboração regular no jornal *Folha de S.Paulo*. Os artigos publicados na imprensa deram origem a vários livros nas décadas de 1980 e 1990.

1986
É homenageado em encontro na Unesp.
Elege-se deputado federal constituinte pelo PT-SP, com 50.024 votos.

1987-1988
Durante o processo constituinte, apresenta 93 emendas, tendo 34 aprovadas.
Integrou a Subcomissão de Educação, Cultura e Esportes, as comissões de Família, Educação, Cultura e Esportes, de Ciência e Tecnologia e de Comunicação.

1990
Doutor *honoris causa* da Universidade de Coimbra (Portugal).
Reelege-se para a Câmara com 27.676 votos.

1995
Conclui o livro *A contestação necessária*, reunindo perfis de ativistas e pensadores de esquerda.
Falece em São Paulo, em 10 de agosto, após um fracassado transplante de fígado.

2005
O MST inaugura a Escola Nacional Florestan Fernandes, para a formação de trabalhadores sem terra, em Guararema.
A Faculdade de Filosofia, Letras e Ciências Humanas na USP dá seu nome à nova biblioteca central da universidade.

Livros de Florestan Fernandes

A organização social dos Tupinambá. São Paulo, Instituto Progresso Editorial, 1949; 2. ed. São Paulo, Difusão Européia do Livro, 1963.
A função social da guerra na sociedade Tupinambá. São Paulo, Museu Paulista, 1952; 2. ed. São Paulo, Pioneira, 1970.
A etnologia e a sociedade no Brasil: ensaios sobre aspectos da formação e do desenvolvimento das ciências sociais na sociedade brasileira. São Paulo, Anhembi, 1958.
Brancos e negros em São Paulo. Em colaboração com Roger Bastide, edição independente. São Paulo, Companhia Editora Nacional, 1959; 3. ed., 1971.
Anhembi, 1953; edição original, com outros trabalhos de vários autores. São Paulo, Anhembi, 1955.
Mudanças sociais no Brasil. São Paulo, Difusão Européia do Livro, 1960; 2. ed. refundida, com um ensaio global introdutório, 1974; 3. ed., 1979.
Ensaios de sociologia geral e aplicada. São Paulo, Pioneira, 1959; 2. ed., 1971; 3. ed., 1976.
Folclore e mudança social na cidade de São Paulo. São Paulo, Anhembi, 1961; 2. ed., Petrópolis, Vozes, 1979; 3. ed., São Paulo, Martins Fontes, 2004.
A sociologia numa era de revolução social. São Paulo, Companhia Editora Nacional, 1962; 2. ed. reorg. e ampl., Rio de Janeiro, Zahar, 1976.
A integração do negro na sociedade de classes. São Paulo, Faculdade de Filosofia, Ciências e Letras da USP, 1964; 2. ed., São Paulo, Dominus, 1965, 2 v.; 3. ed., São Paulo, Ática, 1978, 2 v.

Educação e sociedade no Brasil. São Paulo, Dominus, 1966.
Fundamentos empíricos da explicação sociológica. São Paulo, Companhia Editora Nacional, 1959; 2. ed., 1967, reimp., 1972; 3. ed., Rio de Janeiro, Livros Técnicos e Científicos, 1978; 4. ed., São Paulo, T. A. Queiroz, 1980.
Sociedade de classes e subdesenvolvimento. Rio de Janeiro, Zahar, 1968; 2. ed., 1972; 3. ed., 1975; 4. ed., 1981.
The Latin American in Residence Lectures. Toronto, University of Toronto, 1969/1970.
Elementos de sociologia teórica. São Paulo, Companhia Editora Nacional, 1970; 2. ed., 1974.
O negro no mundo dos brancos. São Paulo, Difusão Européia do Livro, 1972.
Comunidade e sociedade no Brasil: leituras básicas de introdução ao estudo macrossociológico do Brasil. Organizador. São Paulo, Companhia Editora Nacional, 1972; 2. ed., 1975.
Comunidade e sociedade: leituras sobre problemas conceituais, metodológicos e de aplicação (Organizador). São Paulo, Companhia Editora Nacional, 1973.
Las classes sociales en América Latina. Co-autoria com N. Poulantzas e A. Touraine. México, Siglo Veintiuno, UNAM, 1973; ed. bras.: *As classes sociais na América Latina.* Rio de Janeiro, Paz e Terra, 1977.
Capitalismo dependente e classes sociais na América Latina. Rio de Janeiro, Zahar, 1973; 2. ed., 1975; 3. ed., 1981.
A investigação etnológica no Brasil e outros ensaios. Petrópolis, Vozes, 1975.
A revolução burguesa no Brasil: ensaio de interpretação sociológica. Rio de Janeiro, Zahar, 1975; 2. ed., 1976; 3. ed., 1981.
Universidade brasileira: reforma ou revolução? São Paulo, Alfa-Ômega, 1975; 2. ed., 1979.
Circuito fechado: quatro ensaios sobre o "poder institucional". São Paulo, Hucitec, 1976; 2. ed., 1977.
A sociologia no Brasil: contribuição para o estudo de sua formação e desenvolvimento. Petrópolis, Vozes, 1977; 2. ed., 1980.
A condição de sociólogo. São Paulo, Hucitec, 1978.
O folclore em questão. São Paulo, Hucitec, 1978; 2. ed., 1989; 3. ed., São Paulo, Martins Fontes, 2005.
Lenin. Organização e introdução. São Paulo, Ática, 1978. p. 7-49. (Duas edições.)
Da guerrilha ao socialismo: a revolução cubana. São Paulo, T. A. Queiroz, 1979.
Apontamentos sobre a "teoria do autoritarismo". São Paulo, Hucitec, 1979.
Brasil, em compasso de espera: pequenos escritos políticos. São Paulo, Hucitec, 1980.
A natureza sociológica da sociologia. São Paulo, Ática, 1980.
Movimento socialista e partidos políticos. São Paulo, Hucitec, 1980.

Poder e contrapoder na América Latina. Rio de Janeiro, Zahar, 1981.
O que é revolução? São Paulo, Brasiliense, 1981. (Seis edições.)
A ditadura em questão. São Paulo, T. A. Queiroz, 1982. (Duas edições.)
K. Marx, F. Engels: história. (Organização e introdução). São Paulo, Ática, 1983.
A questão da USP. São Paulo, Brasiliense, 1984.
Que tipo de república? São Paulo, Brasiliense, 1986. (Três edições.)
Nova república? Rio de Janeiro, Jorge Zahar, 1986. (Três edições.)
O processo constituinte. Brasília, Câmara dos Deputados, Centro de Documentação e Informação, 1988.
A Constituição inacabada: vias históricas e significado. São Paulo, Estação Liberdade, 1989.
O desafio educacional. São Paulo, Cortez, 1989.
Pensamento e ação: o PT e os rumos do socialismo. São Paulo, Brasiliense, 1989.
O significado do protesto negro. São Paulo, Cortez/Autores Associados, 1989.
A transição prolongada. São Paulo, Cortez, 1990.
As lições da eleição. Brasília, Câmara dos Deputados, Centro de Documentação e Informação, 1990.
Florestan Fernandes (depoimento). Brasília, Inep, 1991. (Memória Viva da Educação Brasileira, v. 1).
O PT em movimento: contribuição ao I Congresso do Partido dos Trabalhadores. São Paulo, Cortez/Autores Associados, 1991.
Reflexão sobre o socialismo e a auto-emancipação dos trabalhadores. São Bernardo do Campo, Departamento de Formação Política e Sindical, Sindicato dos Metalúrgicos de São Bernardo e Diadema, 1992.
Parlamentarismo: contexto e perspectivas. Brasília, Câmara dos Deputados, Centro de Documentação e Informação, 1992.
LDB: impasses e contradições. Brasília, Câmara dos Deputados, Centro de Documentação e Informação, 1993.
Democracia e desenvolvimento: a transformação da periferia e o capitalismo monopolista da era atual. São Paulo, Hucitec, 1994.
Consciência negra e transformação da realidade. Brasília, Câmara dos Deputados, Centro de Documentação e Informação, 1994.
Tensões na educação. Salvador, SarahLetras, 1995.
A contestação necessária. São Paulo, Ática, 1995. (Essa obra recebeu da Câmara do Livro, em 1996, o Prêmio Jabuti na categoria Ensaio.)
Em busca do socialismo. São Paulo, Xamã, 1995.

Obras traduzidas para outros idiomas

La guerre et le sacrifice humain chez les Tupinambá. Trad. Suzanne Lussagnet. Publicado e editado em separata por *Journal de La Societé des Americanistes*, Paris, Musée de L'Homme, 1952.

Fundamentos empíricos de la explicación sociológica. México, UNAM, [s. d.].

The Negro in Brazilian Society. Trad. Jacqueline D. Skiles, A. Brunel e Arthur Rothwell. Editado por Phyllis B. Eveleth, Nova York/Londres, Columbia University Press, 1969 e, como *paperback*, Nova York, Atheneum, 1971.

Die Integration des Negers in die Klassengesellschaft. v. 1: trad. Jorgen Grabvener, Bad Homburg, Berlin/Zurich, Gehlen, 1969; v. 2: trad. Angela Dulle, Munique, Wilhelm Fink, 1977.

La revolución burguesa en Brasil. Trad. Eduardo Molina. México, Siglo Veintiuno, 1978.

Reflections on the Brazilian Counter-Revolution. Organização e introdução de Warren Dean, Armonk. Nova York, M. E. Sharpe, 1981.

Autoria de tradução

Karl Marx, *Contribuição à crítica da economia política.* Tradução e introdução. São Paulo, Flama, 1946.

Obras traduzidas

A integração do negro na sociedade de classes

A revolução burguesa no Brasil

Reflexões sobre a contra-revolução no Brasil

Créditos das imagens

Acervo Companhia da Memória: 90, 121ab, 122a, 127a, 129ab, 133a, 133b (J. S. Rangel), 164-5 (J. S. Rangel), 212-3

Acervo Florestan Fernandes/Biblioteca Comunitária UFSCar: Capa (Duca Lessa), 1, 10-1 (Carlos Menandro), 19, 47, 48ab, 49ab, 50ab, 51ab, 52b, 53, 84ab, 85 (Arq. Última Hora), 86abcde, 87ab, 88ab, 89ab, 91, 92-3, 122b, 122-3, 124a, 124b (Arq. Última Hora), 125, 126ab, 127bcd, 128 (Douglas Mansur), 130a, 130b (C. Teodoro), 131a, 131b (Bettina Musatti), 132ab, 134a 134b (Ivaldo Cavalcante), 135ab, 136 (Antonio Milena), 137

Arquivo Pessoal Heloísa Fernandes: 52a

As letras indicam a posição na página, de cima para baixo e da esquerda para a direita. Apesar do esforço para identificar a autoria das imagens publicadas, nem sempre isso foi possível. Localizados os fotógrafos, a editora compromete-se a creditá-los em futuras tiragens.